D0776854

LA
PROPHÉTESSE

Ouvrage déjà paru :

L'Ange de Pointe Paradis

Ouvrage à paraître :

Les Amants de Québec

Éditions Sept
282, du Château
Saint-Nicolas, Qc
G7A3C4

Photos de l'auteure et de la couverture
Lionel Nobert

© Éditions Sept
ISBN 2-9805113-1-5
Dépôt légal
Bibliothèque nationale du Québec, 1997
Bibliothèque nationale du Canada, 1997
Imprimé au Canada

Marie-Camille Roy Nobert

LA PROPHÉTESSE

Éditions sept

à Séverine...

« Je crois à l'âme immortelle, captive en sa cangue de
boue vivante ; je crois à l'éternité du beau, du bon...
comme je crois à la splendeur des astres, à la douceur
des roses, à la fécondité des moissons... »

Caroline Rémy, dite Séverine
1896.
Éditions Tierce, 1982.

Liminaire

Les jardins du monastère débordent de rosiers qui s'étendent au-delà des limites fixées par le jardinier. Le Père Abbé en est fou ! C'est lui qui s'en occupe personnellement, avec indulgence.

La spacieuse roseraie arbore des massifs allant du rose tendre au rouge betterave potagère ou carminé, en passant par les teintes de pêche, jaune et blanc qui se marient entre elles comme des palettes de peintres par leurs couleurs vives et gaies. Ces splendides fleurs sont les parures du cloître. Les nombreux visiteurs, durant les mois d'été, ne se privent pas de respirer leurs effluves odorants et de les admirer.

Le soleil s'est levé ce matin avec un vent brûlant, l'atmosphère est lourde et la chaleur chauffe le crâne dégarni du moine.

Le vieil homme las, marche lentement. Sa robe de bure lui semble un manteau de plomb et sa ceinture de corde ; un cilice aux pointes affilées, tellement il sent au travers de l'étoffe leurs cuisantes empreintes sur sa peau parcheminée. Les années lui pèsent. Et, encore un nouveau problème qui vient le hanter. Il est triste, malgré la beauté de ses fleurs dont il ne se blase jamais d'admirer l'éclat et qui le consolent des soucis quotidiens.

De ses longs doigts noueux, il caresse en passant les pétales diaphanes. Fidèle à son habitude, il cueille deux roses, les hume, puis les met dans sa bouche en les mastiquant tout doucement, sans en perdre une seule miette. C'est qu'il connaît bien leurs vertus médicinales.

Puis, comme pris en faute, il regarde si quelqu'un l'a vu. De loin, il distingue une longue silhouette qui s'approche rapidement. Son coeur bondit de joie.

Les yeux mi-clos, il admire sans réserve Joseph qui s'avance vers lui, au pas de course, souriant comme d'habitude. Ses douleurs disparaissent comme par enchantement, son spleen aussi.

L'allée dans laquelle arrive[1]le jeune homme semble s'élargir, devenir vivante, tellement il y jette une aura généreuse et lumineuse. Le supérieur le regarde attentivement et soupire. Ce jeune père est bien fougueux et trop indépendant, il lui tarde de le sortir de ce guêpier dans lequel il est fourré, depuis tant d'années, pour le voir s'assagir un tantinet et passer aux choses sérieuses. Il est le sujet de cet épineux problème qui le trouble tant.

Il lui tend les bras, l'invitant à s'asseoir près de lui, sous la tonnelle, sur son banc préféré. Il aime cet enfant qui est son protégé. Sa voix s'adoucit tout naturellement.

---

[1] Voir l'Ange de Pointe Paradis, roman de Marie-Camille Roy Nobert. Éditions Sept.

— Venez vous reposer. Cette course a dû vous épuiser, vous êtes tout en sueur ! Vous n'êtes pas raisonnable !

Le jeune Joseph a l'air plus d'un athlète que d'un prêtre. Très grand, cheveux blonds cendrés, teint basané et yeux pétillants, « quel jeune premier il ferait au cinéma », songent souvent des touristes pèlerins, en le repérant au milieu du troupeau docile et uniforme. Ce jour-là, chaussé de mocassins troués au bout et vêtu d'un jean délavé très usé, le torse emprisonné dans un tee-shirt, il s'étire, très content de sa performance quotidienne. Encore une entorse aux règlements, déplore le Père.

—Avez-vous eu une réponse à vos prières en ce qui me touche, Père ?

Dom Pière ne répond pas, il réfléchit, un pincement au coeur. L'insistance de Joseph l'incommode, lui déplaît. Cette Marie! Démone ? Médium ? Folle ? Prophétesse ? De ceci, il en est moins certain. Il lui tarde de recevoir une réponse de ses supérieurs concernant ce fichu cahier. Et, ce Joseph qui se croit investi d'une mission particulière... publier ! Elle a laissé une impression indélébile sur le jeune homme qu'il affectionne comme s'il était son propre fils, surtout depuis qu'il a perdu ses parents dans un terrible accident d'avion, alors qu'il n'avait que seize ans. Que dire ?

Le temps est venu de clore le dernier chapitre d'une histoire très singulière, si peu commune en ces lieux où seules la Règle et l'Obéissance règnent en souveraines absolues.

Le Père se fait intransigeant, le regard froid.

— Plus tard, fils, plus tard... Pour l'heure, il est temps d'aller prier avec nos frères. Oubliez votre brûlant casse-tête chinois, il est dérisoire et n'a aucune commune mesure avec notre vie monastique. Venez...

*

Le monastère sis sur une très haute montagne de la Gaspésie, au Québec, surplombe une fertile vallée où s'échelonnent des fermes proprettes et d'où s'échappent des cris d'enfants et des voix d'animaux. En contrebas, très loin, le fleuve. Gigantesque, fantasque, capricieux par mauvais temps comme une femme coquette ou semblable au conquérant d'hier, lorsque calmé et flamboyant sous un chaud coucher de soleil d'été.

Flanquée d'une belle tour de style médiévale, la longue bâtisse, appelée maintenant Prieuré, abrite une cinquantaine de religieux dont une douzaine qui poursuivent des études en vue de s'intégrer définitivement dans la communauté par la profession solennelle : moine.

Joseph Paradis est le plus jeune et le moins obéissant. Si l'ascétique grand vieillard avait des cheveux, ils blanchiraient vite face au dilemme que lui pose le fringant novice de vingt-sept ans.

Le mois d'août de l'an 2007 en est à sa troisième semaine lorsque la permission arrive par courrier recommandé. « Vous pouvez lire le cahier » écrit Dom Jean Delude.

Il est à peine six heures et le Père Abbé est là, assis sur le banc de bois un peu décrépit. Il vient de terminer la lecture de son livre de prières et s'apprête à ou-

12

vrir le cahier noir. Il n'a pas encore averti Joseph. On verra, se dit-il. D'abord, lire un peu, prier et ensuite agir.

Mais avant tout : bourrer sa « pipe de blé d'Inde » correctement d'un bon tabac du pays, signe chez lui qu'il s'apprête à vivre un long moment de réflexion fatigante et d'insubordination, car il croit que les règlements sont faits pour être quelquefois violés en cas de conflit intérieur majeur.

Le chien berger de la ferme voisine, Toffie, arrive au galop. Il flaire un moment le prêtre, frétillant et tout heureux de retrouver un vieil ami. Puis, docile à l'ordre muet de ce dernier, se couche à ses pieds.

Ah ! cette Marie, quel dilemme lui pose-t-elle! Si encore on savait où la trouver, on pourrait lui retourner son problème. Enfin ! Il se résout à commencer sa lecture. Il éructe bruyamment, se permettant ce petit écart de conduite lorsqu'il se sait hors de portée de voix et fait un large et coquin sourire au chien comme si celui-ci comprenait cette autre entorse à la Sainte Règle.

Au jeune moine, très bientôt, il pourra apporter une réponse qui le réconfortera et l'amènera à prendre une sage décision, selon l'esprit de leur communauté et la bénédiction du Ciel.

Un essaim « d'abeilles » passe proche de sa tête, il entend leur léger bruissement, elles s'en vont téter le suc de ses roses. Il les salue, puis s'offre un moment de méditation, en paix avec la nature et lui-même.

Mais, avant de se plonger dans l'histoire de Marie, il laisse vagabonder son esprit voulant retrouver la sienne d'antan.

Son enfance dans une ferme ensoleillée du midi de la France où entre des parents aimants et respectueux, il a appris à aimer Dieu et à le craindre. Lorsque vint l'heure de choisir sa destinée, c'est comme si on la lui avait tracée d'avance : il serait prêtre dans un monastère. Ses parents, émus, surtout sa mère, acquiescèrent et il devint devant Dieu : Dom Pière, après de brillantes années d'études dans un monastère de Paris.

Le Canada l'avait toujours fait rêver. Il savait qu'un jour, il serait sa nouvelle patrie.

Quand Dom Manier se noya dans un lac, en 1984, lui, Dom Pière, s'embarqua pour le Québec, comme en mission spéciale. Saint Martin, son patron et l'archange Gabriel veilleraient sur lui.

Il travailla si bien et si ardemment qu'un agrandissement s'avéra nécessaire après quelques années et que plusieurs recrues d'ici et d'ailleurs vinrent s'ajouter au nombre restreint de moines.

C'est sous sa direction que la communauté prendra son essor définitif, bien que dans des conditions matérielles frôlant souvent la grande misère.

Aujourd'hui, le patriarche peut contempler son œuvre et en être fier : le Saint-Esprit et lui ont bien travaillé, soudés ensemble.

En cet an de grâce, la communauté comprend des moines qui ont de plus en plus de raisons pour prier et implorer le Créateur de la Terre d'avoir pitié de son Œuvre. Des hommes forts, inspirés, qui ne craignent pas de donner leur vie pour sauver celle des autres.

Le moine soupire, ouvre les yeux et commence la lecture du cahier noir de Marie.

14

Les actes de Marie
(Médium malgré moi)

Je m'appelle Marie Catherine Boderge.

J'ai peut-être deux ou trois ans...

Grand-père me surnomme : « sa petite boule de rire. » Les autres : « Ti-Jean qui rit, Ti-Jean qui pleure », j'alterne, c'est selon. On dit aussi que je suis née comédienne et très cocasse, à mes heures.

De ma toute petite valise aux souvenirs m'arrivent quelques images vivantes. J'y plonge délicatement, voulant en faire revivre quelques-unes, pour qu'on apprenne à me connaître et savoir d'où je viens.

Je sais que c'est l'été. Je sens l'odeur des arbres et des fleurs, il vient de tomber une ondée. Tout sent bon.

Nous roulons sur le chemin étroit qui longe le fleuve Saint-Laurent, dans le camion de la compagnie où travaille mon papa. C'est lui qui manie le volant.

Blottie contre le sein maternel, je les écoute parler et je retiens tout ce qu'ils disent. Effrayée par le ton de maman, j'étire le cou pour voir ce qui distrait son bonheur. Je vois de mignonnes maisonnettes tirées par des chevaux ; elles s'arrêtent devant l'hôtel de la

15

« Filco ». C'est le nom de la dame à qui il appartient. Je vois aussi des gens très joyeux, habillés de couleurs voyantes. Ils dansent et les enfants s'éparpillent partout, comme des grappes de moineaux. Ils sont beaux.

Papa dit, en riant très fort :

— Voyons, ce ne sont que des bohémiens !

— Mais, on dit que ce sont aussi des voleurs d'enfants... riposte maman, soucieuse.

— Fadaises que ces rumeurs. Puis, ne sers pas si fort la petite, tu vas lui faire peur sans raison.

J'enregistre tout, déjà. C'est comme si j'avais des oreilles tout le tour du corps. C'est drôle !

*

J'apprends que j'ai quatre ans, on vient de me fêter ! J'ai eu une belle poupée de guenille avec des yeux qui bougent.

Maman, qui va souvent à l'église, veut m'emmener avec elle. Je pleurniche.

— J' veux pas ! J'aime pas ça !

J'y vais quand même. Elle a du caractère, maman.

Nous allons vers une immense croix où est perché le Jésus qu'elle aime. Son bras droit est arraché du clou et il sert contre lui Saint-François d'Assise. C'est laid !

— C'est pas beau ! J'veux pas !

— Cesse de faire le bébé. Dis une petite prière et va t'asseoir dans le banc, sois sage. Je viens te rejoindre.

*

C'est un soir...

Maman reçoit des amis. Elle attend papa qui tarde à rentrer de la forêt où il travaille toute la semaine, ne revenant que le samedi, avant souper.

Le voilà ! Ce qu'il est beau ! Grand ! La petite moustache drue. Les cheveux noirs, coupés court, un peu bouclés. Habillé d'une culotte kaki, large sur les cuisses et serrée en bas des genoux, d'une veste étroite et longue faite de cuir noir, il a belle allure. Maman en est follement amoureuse, cela se voit. Elle le gronde affectueusement, en le frôlant doucement. Il rit encore.

— Je cours me changer et j'arrive. En attendant, couche la petite pour qu'on s'amuse entre nous.

Maman est une très belle Amérindienne, disent les voisins et, papa, un Français débarqué de France depuis sa petite enfance. De la Normandie.

Je sais tout ça, c'est maman qui m'instruit. J'aurai cinq ans le mois prochain. Nous sommes en mars de l'année 1939. Les gens ont la mine grise à cause de la guerre en Europe qui s'en vient et je crois qu'ils ont tous très peur que les maris et les papas partent là-bas. Je les entends parler et j'écoute attentivement tout ce qu'ils racontent. Depuis peu, maman m'a montré l'alphabet et j'apprends à lire. C'est une institutrice sérieuse. Elle a une classe privée à l'arrière de notre maison et, parfois, quand j'ai été sage, j'ai la permission de passer du sucre à la crème à ses grands élèves. « Ils étudient l'anglais » dit maman, fière d'elle-même.

*

J'ai souvenir d'un autre soir où mes parents recevaient leurs amis. Une soirée étrange qui m'a rendue triste et inquiète.

Cachée en haut de l'escalier, j'ai écouté et curieuse, je me suis rapprochée. Ils étaient beaucoup trop énervés pour me voir.

Tous encourageaient une petite plaque de bois à marcher sur la table.

— Allez « ouidja » avance !

Effrayée, j'allai au lit. Je ne comprenais pas ce jeu, ni mes parents de s'y intéresser.

*

Maman est une romanesque, selon papa. Elle adore la musique douce, les chandelles et les fêtes. À Noël, elle s'amuse à me faire accroire que le Père Noël est un peu éméché et qu'il perd des cadeaux de sa poche percée.

Je me promène, ravie, furetant partout où le bon vieux se coince et trouve plein de petites surprises, cachées au hasard de la fantaisie de maman, n'étant pas dupe.

— C'est ce vieil ivrogne qui laisse tout tomber sur son passage, dit maman en riant de toutes ses belles dents blanches, plus une en or.

Les cadeaux sont petits et charmants. Nous ne sommes pas riches, mais nous sommes heureux.

*

Nous voici au mois de janvier 1939. Maman semble attendre un événement exceptionnel ; elle marche avec précaution. Papa la couvre de baisers, grand-père se précipite au-devant de ses moindres désirs, surtout depuis que grand-maman est morte l'an dernier et moi, on m'avise de prendre un peu moins d'air et d'espace, maman en a besoin beaucoup. Petite maman prend du poids, son ventre s'arrondit, elle est toute dolente et moi je l'adore de plus en plus ; c'est mon idole.

*

Dimanche, dix mars 1939.

Cette nuit, maman est partie. « Retrouver le bon Dieu » qu'ils ont dit.

— En voyage, a corrigé papa, avec une voix toute changée, comme pour adoucir la catastrophe.

J'ai entendu courir, pleurer, appeler. Le docteur qui est arrivé et qui ne pouvait rien faire, papa qui s'irritait et maman qui gémissait... C'était atroce. Cachée sous les couvertures, je comprenais qu'il se passait quelque chose d'horrible, mais je n'avais plus personne pour me consoler, même grand-père était affolé. Il suppliait le Ciel d'avoir pitié de maman.

Le bon Dieu est un sourd ; maman est morte.

— Elle avait un petit bébé dans son ventre, m'a dit grand-père, le lendemain. Ses yeux étaient rougis par les larmes de la nuit.

On les a enterrés à un jour de distance, au cimetière.

J'ai vu le trou où on a descendu maman. La terre était froide et le vent mauvais. Il nous courbait en deux autour de cet affreux petit terrain, fait de terre gelée, je frissonnais et tremblais de peur. Même l'église m'avait, durant le service, parue être un endroit sinistre.

Je bouche mes yeux et je ferme mon coeur. Même grand-père ne réussit pas à me détourner de ma peine et de mon immense désarroi.

La petite gouvernante, qui vient aider à la maison, est gentille et très vaillante. Grand-père lui prête main-forte ; il souhaite qu'elle reste. Nous avons tous tant besoin d'elle...

On parle de maman... J'écoute aux portes. Cela passe le temps et entendre raconter à son propos me fait croire qu'elle reviendra sous peu, car je l'attends fiévreusement.

— Elle avait des prémonitions, soutient-on. N'avait-elle pas dit à ses amies qu'elle allait mourir en couches ?

Rosalie fait le grand-ménage.

— Regardez ! dit-elle à grand-père. Votre fille mettait de toutes petites crêpes dans les armoires les vendredis treize. J'me demande pourquoi...

Mais, je me lasse. Je ne comprends rien à ces conversations déprimantes. Pourquoi dit-on que maman était différente ? Grand-père pleure... et moi...

De la fenêtre de la cuisine, de généreux rayons de soleil se faufilent à travers les rideaux de mousseline vert pâle et plongent vers le linoléum usé qui se met à briller et à changer d'allure, effaçant son vieil âge. Fascinée, je contemple le jeu animé des myriades d'étoiles d'or, minuscules particules de lumières qui se croisent et s'entre-croisent, jouant entre elles au jeu de chassé-croisé.

— De la poussière, juste des poussières qui volent, souligne Rosalie qui me surprend à rêvasser et me replonge dans le monde désolant des adultes.

Nous habitons maintenant dans la maison de grand-père, c'est lui qui l'a construite. Elle est grise à l'extérieur et blanche à l'intérieur. Très grande et très confortable. Mieux que la nôtre, sur la côte, avant le départ de maman. Car, maintenant, il y a avant et après maman. C'est ici qu'elle a grandi, ici que je la retrouve à chacun de ses âges, ici que j'apprends tout d'elle.

J'aime la rêverie, j'y trouve matière à me consoler. Aussi, je lis beaucoup. Je suis devenue un vrai petit rat de bibliothèque, dit grand-père qui ne voit là rien à redire. Maman serait fière de son élève. Elle m'a apprise à quatre ans, avant de partir. Je pleurais tout le temps pour lire le journal de Grand-père. Il est content de moi.

— Continue, petite fille. Lis de tout et tu iras loin dans la vie...

Quel réconfort de poursuivre mes rêves avec la bénédiction de grand-père qui me sourit tristement de ses dents brunies par le tabac, voulant sans doute remplacer le rire merveilleux de maman.

*

Nicole, ma chère petite amie d'en face, est morte elle aussi. Elle n'avait que cinq ans et demi, comme moi.

Je ne comprends pas les prêtres, amis de papa. Ils affirmaient après la mort de maman que Dieu ne venait pas chercher les petits enfants, qu'Il n'en avait pas besoin pour travailler. Pourquoi me racontent-ils de si gros mensonges ? Donc, moi aussi je peux mourir n'importe quand ? Nicole a eu la méningite et moi... qu'est-ce que j'aurai pour mourir ?

Comble de malheur, grand-père nous quitte. Il s'en va dans sa chère forêt, chasser. Je crains que les loups le dévorent par adoration, à cause de son immense coeur rempli d'amour. Que vais-je faire, maintenant que je suis seule ? Papa aussi est toujours parti en forêt. Décidément, c'est une manie dans cette famille, les arbres sont plus importants que les humains. Lorsque je serai grande, je me promets moi aussi d'aller voir si les arbres sont aussi intéressants qu'on le prétend, et les loups aussi courageux que grand-père. Je me sens très seule !

La peur ne me quitte plus. J'ai peur du noir, des voix qui m'appellent lorsque je monte au deuxième me coucher et je dors les couvertures par-dessus la tête. Ce que j'ai chaud !

À Noël, j'attrape la rougeole. Je passe mon temps au lit. Je pense beaucoup à maman, mais je ne la vois pas, malgré que j'aimerais tellement la revoir une seule fois. Je prie la Sainte-Vierge, parce que maman me l'avait conseillée, mais je doute qu'elle porte attention à mes paroles de rancune. Je leur en veux tellement d'être venus chercher maman. Je trouve le « bon Dieu » très apeurant et ne lui adresse jamais la parole. À quoi bon ? Pour qu'il vienne me prendre ? Je suis beaucoup trop petite pour travailler. Puis, je crains d'aller en Enfer, on me dit une enfant très difficile. Pourtant, je sais si bien lire et je m'applique à écrire sous la férule de tante qui remplace maman dans la noble tâche. Je ne comprends pas.

*

Je fais pitié ! Ce sont les âmes charitables qui le disent. Seule ! En plein désarroi ! On me gêne...

Papa, qui veut m'apporter un peu de joie, ramène un beau jour de mai, à la maison, une chétive petite fille. Elle sort de l'hôpital où on l'a soignée durant des années pour la tuberculose des os, la méningite et la polio. Elle a besoin d'une petite sœur pour la ramener à la vie et moi de m'occuper pour sortir de ma léthargie. J'adore la petite fille, malgré qu'elle soit taciturne et renfermée. Je fais des pitreries pour qu'elle me remarque et je deviens tacitement son esclave, car elle ne peut marcher, couchée sur une planche de métal.

— Elle ne marchera jamais, a dit le docteur qui l'a amenée chez nous. Il est formel, c'est un savant.

— On verra bien, a répliqué papa, très mystérieux et tout aussi savant que le médecin.

Elle est vraiment ma sœur. Orpheline, maman s'en occupait beaucoup. Elle allait souvent la voir à l'hôpital à Montréal. Elle faisait partie de ses « bonnes oeuvres. »

— C'est normal, a décrété papa, qu'elle vienne ici, c'est sa maison dorénavant.

J'accepte la petite Thérèse qui a plus l'air d'une fillette de deux ans que d'une enfant de sept ans. Elle tombait du Ciel et je m'attachai à ce cadeau comme si elle était l'Enfant-Dieu en personne. Je ne posai aucune question, elle était inutile. J'avais enfin quelqu'une pour jouer et me comprendre. Je savais que je me consacrerais à elle et ferais tout ce qu'elle exigerait de moi, pourvu qu'elle m'écoute quand je parle. Tous les autres ont comme peur de mes questions. Et, surtout, qu'elle m'aime toujours et ne me quitte jamais, elle !

*

Je vis des choses étranges et incompréhensibles disent les grandes personnes. Rosalie, quant à elle, conseille l'asile d'aliénés. Comment peut-on soutenir qu'on entend des voix qui instruisent et consolent ? Et le bouquet : un miracle, en plus ! C'est trop ! Elle menace de rendre son tablier et de partir loin d'ici.

Nos fantômes deviennent par trop omniprésents !

Papa est ennuyé et Thérèse m'écoute et essaie de comprendre. Elle est très intelligente et compréhensive ; elle m'aime !

Un matin, elle quitte sa planche d'invalide et marche sans aide, quoique chancelante ; elle avance à petits pas comptés, hilarante. Son rire est contagieux, nous nous roulons par terre de contentement. Enfin ! Elle sera comme moi : libre !

— C'est maman qui m'a guérie !

— Quoi ? Tu le crois vraiment ?

Je n'en reviens pas. Elle exulte. Chez les religieuses d'où elle vient, on lui a fait lire la vie des saints et on a bercé sa petite enfance de faits merveilleux, c'est normal qu'elle y croit dur comme fer .

À cause de son miracle, elle ne met plus en doute que je dis la vérité lorsque je raconte mes histoires aussi impressionnantes qu'étonnantes.

Je l'ai rebaptisée Tia. On croit qu'elle ne poussera plus. « Ti » à cause de sa petitesse physique et « a » parce qu'en entrant chez nous, étonnée devant chaque chose, elle poussait des « ah ! » de stupéfaction à tout propos.

Les années passent malgré leur pesanteur. La seule grâce dans ma nuit est la présence invisible de maman qui me prodigue sans cesse des conseils que je suis scrupuleusement. J'entends, des profondeurs de mon coeur, sa voix lorsque je ferme les yeux et plonge en moi. Comme l'oie sauvage fourre son long bec dans le noir de la boue pour se nourrir, moi, je soutiens ainsi mon âme.

Je fêterai mes neuf ans dans quelques jours. Voici de retour le printemps, nous sommes au mois d'avril et je suis joyeuse ; ma gaieté est un cadeau congénital qui m'aide à vivre.

Ce matin, je me suis éveillée très tôt, ne voulant rien perdre de ce qui se passe au dehors. J'écoute. La glace fond sur le toit et dégouline sur la grande galerie d'en avant. Les oiseaux bavardent en picorant le crottin de cheval ; le laitier vient de passer dans notre rue. Un mince rayon de soleil traverse l'épais rideau de cretonne rose qui décore ma fenêtre ; il perce l'obstacle de mes paupières fermées. Puis, le moment de bonheur passé, je décide que j'irai à la messe avant de me rendre au couvent, où j'étudie. J'aime maintenant l'odeur de l'église. Aussi, je veux satisfaire les soeurs...

Aïe ! Je dois rêver ! Il y a un jeune garçon dans ma chambre . Je referme les yeux vivement. Je suis folle !

Après quelques secondes de patience, je les entrouve. Il est toujours là. Près de la fenêtre. Immobile, il me fixe, comme attentif à mes réactions.

Rapidement, je fais l'inventaire de ma petite sagesse. Les portes sont barrées ; nous sommes une famille de peureux, donc il n'a pu entrer par là. Ma fenêtre est close, nous sommes au début du printemps... Et, c'est la même chose dans le reste de la maison. Alors, d'où vient-il ?

Quelle folie ! Il reste là, à me regarder, figée.

J'essaie de calmer les battements désordonnés de mon coeur qui s'affole et je le scrute à mon tour.

C'est donc ça la folie ? Pas étonnant qu'autour de moi on m'ait étiquetée ainsi. Tant pis, je vivrai donc jusqu'au bout cette incroyable « image ».

Comme il ne quitte pas sa place où il semble ancré, je l'examine attentivement, tremblante de frayeur.

Étrange ! Il n'a qu'une grosse tête aux cheveux frisés noirs, des joues rondes et une bouche très charnue. Ses yeux tristes n'ont d'autre contemplation que mon humble petite personne. Je descends mon regard : un buste habillé d'une chemise blanche et d'une veste noire. Au cou : un gros noeud papillon.

Plus bas : rien ! Je ne vois que le mur rose de ma chambre. Le garçon, qui a environ mon âge, semble suspendu dans l'air, mais à hauteur normale pour ses neuf ans. Il semble bien vivant, mais impassible, sûr de lui.

Je réfléchis très vite, malgré mon trouble qui ne cesse d'augmenter ; je tremble comme une feuille. C'est si apeurant !

À cet instant précis me reviennent en mémoire les paroles de Mère Sainte-Famille, notre maîtresse de réfectoire : « le diable prend un visage humain pour vous séduire, prenez garde mes filles ! »

Une peur panique me saisit, je veux m'enfuir ! Mais, par où ? Il me bloque la seule issue, la porte.

Décuplé par cette intense frayeur, mon courage est le plus fort. Repoussant les couvertures, je saute comme une gazelle par-dessus le gros tube de cuivre qui sert de pied de lit et j'atterris près de la porte du passage, m'enfuyant à toutes jambes.

Je ne regarde pas derrière moi, de peur de le voir toujours m'observer.

Je cours rejoindre quelqu'un. Il le faut. On doit venir voir, j'ai si peur ! Les portes des autres chambres sont closes, tous dorment. Je n'ose les réveiller. S'il fallait qu'on vienne et qu'il soit parti, le jugement serait pire... Piteuse, je retourne dans ma chambre, en pleurant tout bas, souhaitant qu'il soit vraiment disparu.

Quel soulagement ! Je ne vois pas âme qui vive. Je fais l'inventaire. Le dessous du lit, derrière la porte, la garde-robe : vide. Il n'y a plus rien de surprenant, seulement du connu et du rassurant. Bon, je me calme. Mais, je dirai tout à Thérèse qui le colportera innocemment.

Pour le moment, mon désir d'aller à la messe n'est pas passé. Tant pis si je n'ai plus le temps de me laver. J'irai le visage barbouillé de larmes et les yeux enflés. Vite, revêtir mon costume de couvent, avaler une bouchée, malgré l'interdit, et courir à l'église raconter à maman la drôle d'histoire que je viens de vivre.

À la suite de cette mésaventure, il a été décidé que petite Thérèse coucherait avec moi ; elle me protégerait contre moi-même. Nous sommes enchantées toutes les deux. Comme ça, nous pourrons jaser longtemps avant de nous endormir. Elle est si forte et si raisonnable !

Mais, comme si l'apparition avait été le phénomène déterminant, il s'ensuit que je vis d'autres expériences traumatisantes. C'est heureux que mon « ange » soit avec moi.

Une nuit, en larmes, je la réveille.

J'ai presque dix ans et je suis grande pour mon âge. Mais je n'ai aucun courage face aux situations délicates. Tia est la plus hardie de nous deux.

— Qu'est-ce qu'il y a encore ? J'voudrais dormir.

— Dis, c'est pas vrai que je suis folle, hein ?

— Si tu continues, tu le seras bientôt.

Tout en maugréant, elle se dresse toute croche sur ses coudes, m'encourageant à raconter cette nouvelle et pénible expérience. Je ne me fais pas prier.

— Écoute. Je fais toujours le même rêve et quand je m'éveille je ne me souviens plus qui je suis, quel est mon nom et où je me trouve. J'entends des bruits dehors comme si une charrette passait et qu'elle était remplie de morts, tous couverts de sang ; je les vois ! Affreux !

C'est en pleurant bruyamment que je finis mon terrible récit. Elle m'écoute patiemment, puis me questionne.

— Quel est ton nom ?

— Marie.

— Ton âge ?

— Bientôt dix. Et, je grandis, je grandis... Bientôt, j'aurai l'air d'une géante et toi d'une naine.

Elle rit aux éclats, bien réveillée.

— Tu vois bien que tu n'as rien oublié. Il faut dormir, demain il y a l'école. Allez, dodo !

Le cauchemar revient à trois reprises et, à chaque fois, je réveille Tia qui rassure l'enfant malheureuse que je suis.

— Dans cet autre pays, Tia, c'est la guerre. Je vois des rues où courent des gens couverts de sang et j'entends des cris de désespoir, c'est horrible !

Tia me berce contre elle et je finis par me rendormir, épuisée.

Une nuit suivante, un autre rêve vient. C'est je crois le même pays, mais la guerre est finie. Je raconte à Tia ce que je vois, bien éveillée cette fois.

— Il y a une longue et belle tour, tout illuminée. Des arbres fleuris devant, cela ressemble au printemps. L'air sent très bon et j'entends un accordéon jouer. Il y a des groupes de personnes qui parlent et rient : des femmes habillées de robes jusqu'au sol et des messieurs avec des chapeaux hauts-de-forme et des cannes à la main.

Tia m'interrompt.

— Et, toi, es-tu avec eux ?

Instantanément, la vision cesse et je me retrouve dans mon lit, en train de la regarder drôlement, comme si je voyais à travers elle. Je n'aime pas ces sensations, elles m'effraient.

Nous lisons beaucoup toutes les deux et lorsque je découvre dans l'Encyclopédie de la jeunesse la tour Eiffel, je bondis de joie.

— Regarde, Tia ! C'est elle ! La tour de mon rêve !

Tranquillement, petit à petit, je continue à écouter les voix qui me parlent tout près du coeur ; je deviens obéissante à celles-ci. Elles me donnent de bons conseils et je souffre moins de ma « différence. »

Si Dieu me fait toujours aussi peur, par contre, j'aime bien Jésus et Marie et ne me lasse pas de leur quémander toutes sortes de choses, même si elles paraissent très futiles à Tia. Un jour, c'est une bicyclette, une autre fois, des bottes contre la pluie, et un manteau neuf... Bref, je les mêle à tous mes petits déboires et mes désirs les plus secrets, malgré les moqueries de Tia, beaucoup plus raisonnable.

J'ignore qui me parle. Mais, croyant aux anges, je suppose que ce sont eux qui travaillent si vaillamment pour moi et maman que je surnomme affectueusement : Sainte maman.

Ils m'inspirent d'aimer très fort ceux avec qui je vis et de garder en moi l'espérance. On me demande aussi, un jour, de choisir mon avenir. Je n'hésite pas une seconde et réponds tout de go.

— Je veux le Ciel. Je veux vivre toujours, car j'ai trop peur de la mort...

Au couvent, une religieuse à qui j'ai dit ce voeu, m'a reprise sévèrement.

— Votre acte de contrition est imparfait car vous n'aimez pas Dieu, vous en avez peur... Alors, aller au Ciel est improbable.

— Je ne pourrai aller au Ciel ?

J'étais terrorisée. Elle revint à la charge, voyant ma déconfiture.

— Peut-être que oui. Mais, pas avec les grands saints... Il vous faudrait l'acte de contrition parfait, aimer Dieu...

Quel désespoir ! Comment faire ? Dieu me faisait si peur !

C'est ainsi que je m'achemine vers ma première grande épreuve personnelle. J'ai toujours de cruelles douleurs à la gorge et le docteur de la famille, qui nous visite souvent, se fait sévère.

— Cette petite fille doit être opérée rapidement des amygdales, elle est en train de s'empoisonner.

Opérée? Quelle épouvante! Je tente de m'y soustraire et retourne au couvent malgré les douleurs, la fièvre et les cris de Rosalie et de Tia.

— Tu n'es pas fine ! C'est dangereux a dit le docteur ! Tia est très inquiète. Mais, moi, c'est la terreur qui me ronge. Suis-je assez grande pour mourir à mon tour ?

J'ai peur de l'enfer. Aussi suis-je décidée à faire tout mon possible pour l'éviter, si je dois mourir sur la table d'opération. Contrition parfaite ou pas...

Je vais à la confesse et tout ce que j'ai écrit sur le papier, de peur d'en oublier, fait rouler des yeux le gros curé qui n'en revient pas. Il s'impatiente.

— Alors, elle achève cette liste ? J'ai l'impression de confesser Marie-Madeleine en personne.

Il se moque. Tant pis. Papa parle toujours des assurances, que c'est nécessaire. Et, mon avenir ? Personne n'y pense ? J'ai choisi le Ciel et je me jure de l'avoir. Dieu devra m'apprendre à l'aimer !

Quant à papa, il a faussé compagnie à la famille, après plusieurs visites de plus en plus courtes et n'est jamais revenu.

Le Père Abbé glisse le cahier sous son bras, il en a assez lu pour aujourd'hui . La petite fille qu'il découvre est attachante, mais rien d'emballant. Ou cette Marie banalise son propos sur l'essentiel ou bien la médiumnité contre son gré est sous-jacente et demeure la grande affaire de sa vie, qu'elle méprise... Il est soucieux, se demandant où le mènera cette femme. En tout cas, il se promet bien qu'il ne s'attendrira pas et qu'il saura, sitôt sa lecture terminée, quelle anguille se cache sous roche.

Le même soir, après Complies, il fait signe à Joseph de le suivre au petit salon, près de sa chambre.

— Prends un siège, nous devons causer.

Le jeune moine laisse tomber son corps lourdement sur la chaise droite, il est fourbu. Durant toute la journée il a aidé aux foins et maintenant il a peine à garder ses yeux ouverts. Se doutant du sujet qui donne cette mine soucieuse à son supérieur, il tente un brin d'humour, pour alléger l'atmosphère. Surtout que le temps est encore à l'orage. On entend gronder le tonnerre au loin et à l'horizon les éclairs de chaleur vrillent déjà.

— Est-ce que c'est votre chasse aux sorcières qui vous donne cette mine sombre, Père Abbé ? Notre Mata Hari mystique vous donnerait-elle plus de fil à retordre que vous le craignez ou bien avez-vous découvert quelque sinistre histoire sur elle ? Il éclate de rire.

Le Père est fâché, impatient. Il ressent un mal de tête lancinant et ce blanc-bec qui se moque de lui, par surcroît. Il rétorque vivement.

— Assez ! Si tu crois, fils, que j'ai du temps à perdre, tu te trompes. Les affaires importantes attendent pendant que pour t'aider à faire un discernement je dois me taper au soleil des heures de lecture. Aie au moins la décence d'être respectueux en ma présence et ta langue immobile.

Joseph corrige son attitude, contrit.

— Je vous demande pardon de mon insolence. Parlez, Père, je vous écoute.

— Bien. Venons-en aux choses sérieuses. J'ai lu environ le quart du cahier et rien ne semble anormal. Voilà une petite fille malheureuse et sensible qui s'exprime. Jusqu'ici rien à redire sur ce qu'elle vit. Concernant l'apparition, ceci relève peut-être de la psychiatrie... Je ne peux me prononcer tant et aussi longtemps que je n'aurai pas la fin de l'histoire. Quant à la publier, comme tu sembles y tenir, je ne crois pas qu'il y ait matière à intéresser les gens. Je me demande bien quelle sorte de lecteurs s'arrêteraient à ce bavardage puéril. Réfléchis encore. Puis, ne te crois pas lié à elle. Ce n'est pas toi qui as été chargé de ce legs, mais tes parents. Ce cahier ne fait pas partie de ton héritage.

Joseph lui coupe la parole, et se mettant debout, il va vers la fenêtre, irrité et véhément.

— Ne croyez pas que j'obéirai au doigt et à l'oeil, vous le saviez lorsque je suis venu ici que je m'étais moralement engagé vis-à-vis d'elle, j'ai été honnête, moi ! Vous me décevez. Vous n'avez même pas fini de lire et vous m'enjoignez déjà à rompre mon serment envers mes parents.

Maintenant dans le crâne du vieux moine se passe une série de coups, comme si quelqu'un voulait lui enfoncer dans le cerveau, par la force, une chose qu'il ne veut pas. Il a si mal qu'il se prend la tête à deux mains, se courbant vers son bureau, il attend que l'attaque s'arrête. Il est toujours dans cette situation quand on veut forcer sa volonté.

Joseph est attristé et change subitement d'attitude. Son supérieur attire sa compassion, il se précipite vers lui, voulant l'aider en lui débitant un flot de plates excuses.

— Allons, venez vous étendre. Encore une fois, je vous demande pardon. Je ne suis qu'une brute et je me demande comment il se fait que vous ne me jetiez pas dehors et me gardiez ici, vous si saint et tous mes autres frères si dociles, si accomplis qui, eux, ne vous donnent jamais de soucis. Ne pensez plus à moi. Reposez-vous, je vous quitte et je ferme vos fenêtres. Voici l'orage presque au-dessus du monastère, il ne fera pas beau tout à l'heure avec ce vent qui s'élève.

Le jeune homme s'enfuit sur la pointe des pieds, pendant que le Père Abbé s'effondre sur son lit, tentant de se souvenir du psaume qui supplie le Seigneur de les épargner des orages de la nuit et de ceux du coeur.

En longeant le cloître, Joseph pleure un peu sur lui-même, il se sent pris au piège. Puis, calmé, il prie pendant que l'orage se déchaîne au-dessus de l'Abbaye.

Le lendemain, le beau temps revenu, après avoir achevé tous ses devoirs et vu à la bonne marche du monastère, tout de suite après les Laudes, le Père Abbé revint à son banc préféré, sous la tonnelle. Mais, d'abord, toujours le même cérémonial : le salut à ses roses, les baiser puis en mâcher quelques pétales pour y puiser le courage de replonger dans le cahier noir de Marie.

Volontairement, il se prive de sa pipe, honteux. Comment exiger chez les autres de la rigueur, quand on en manque pour soi ?

Le vieux chien roux, de loin, a flairé sa présence. Il arrive en trombe, comme d'habitude, et se couche à ses pieds après avoir reçu sa provision de caresses quotidiennes. Jamais plus, jamais moins. Heureux comme un chien peut l'être quand il se sent aimé.

L'homme ferme les yeux un moment. Il est bien ce matin. Ce fichu mal de tête l'a quitté et les moines pourront continuer de rentrer les foins. Dans la fromagerie le produit s'annonce meilleur que de coutume et, à la chocolaterie, les commandes affluent ; le Seigneur les aime, Il les comble. Continuons ce pénible travail, se dit-il, maintenant que nos affaires sont réglées.

Il ouvre à nouveau le cahier et lit, pendant que les abeilles agacent Toffie, le chien fidèle, en se promenant et en bourdonnant autour de sa tête. Il la secoue de tous côtés, espérant ainsi les décourager pour qu'elles aillent butiner ailleurs. Peine perdue. Alors, il reste là, couché aux pieds du vieux moine, attentif au moindre geste de celui-ci, prêt à remuer sa queue de bonheur, oubliant les indésirables piqueuses.

Couchée sur la table, j'attends que la religieuse infirmière m'endorme. Elle a un cornet dans la main et m'ordonne de me tenir tranquille. Ses yeux lancent des éclairs et sa voix est forte et autoritaire. J'ai peur ! Mon état normal, quoi...

— Allons, on se calme, mademoiselle. Le docteur s'en vient et vous devez dormir lorsqu'il arrivera.

Je prie à toute vitesse, alors qu'elle bondit sur moi et coince mon visage sous le cornet qui empeste. Pouah ! C'est sucré ! Je déteste le sucré et j'essaie de résister ... « Acte de contrition, mon Dieu... »

*

Mais, où suis-je ?

Étonnée, je regarde tout autour de moi. Suis-je morte ? Eh bien ! si c'est ça la mort, c'que c'est beau !

Je suis dans un très grand jardin dont je ne vois ni le commencement ni la fin.

Perchée en haut ! Je ris. J'ai l'impression d'être juchée sur une branche d'arbre où j'ai atterri après ma mort... Je ne sais pas et je m'en contrefiche. Je ne me lasse pas de promener mon regard partout.

Ce jardin est plus beau que toutes les images de mes livres. Même dans mes rêveries, jamais je n'ai imaginé pareille féerie. Il est merveilleux !

Il est rempli d'arbres géants et pas d'ombre, comme cela est curieux ! Ici, il y a de l'ordre comme dans le désordre. Des bosquets de fleurs géantes, à travers les arbres, s'offrent à mes yeux captivés sans qu'on se perde dans un fouillis. Je n'y comprends rien, mais je sens que cela n'a pas d'importance que je saisisse ou non toute la réalité.

Puis, les couleurs aussi sont étranges. Elles sont vives, très vives, comme si elles éclataient de toutes parts jetant des rayons illuminés sur les arbres qui sont énormes par rapport aux couleurs de ces fleurs. Comment peuvent-elles les éclairer ?

Je me questionne. Je me sens très moi... Vivante ?

J'ai la sensation que ces fleurs et ces arbres sont heureux, joyeux et qu'ils veulent que je me réjouisse aussi, alors j'éclate de rire.

Le soleil ! Où est le soleil ? Je ne le vois nulle part. Pourtant ici tout irradie et l'air est jaune doré...

Puis, sans que rien ne vienne troubler la paix en ces lieux sublimes, sur ma gauche, comme posé sur une branche, lui aussi, un oiseau se met à chanter. Interdite, je l'écoute. Jamais je n'ai entendu cela : il module sans cesse, ne s'arrêtant jamais et sa mélodie dure, dure...

Même le violon classique que papa adore n'a pas cette sonorité et cette richesse musicale...

Grisée par la mélodie, je suis là à me reposer et à écouter le plus beau concert du monde, heureuse ! Heureuse !

J'ai l'impression que le temps n'existe pas. Je ne ressens rien d'autre qu'une douce détente, qu'un paisible bonheur. Et, le plus curieux, c'est que jamais je n'ai pensé que j'étais en train de me faire couper la gorge et l'intérieur du nez. J'avais l'agréable sensation de ne pas être là, mais ailleurs. Où ?

Aie ! J'ai mal !

Je crois que ma tête explose. J'ai la gorge en feu et voilà qu'on me tape sur les joues, ça c'est le bouquet !

— Allons, réveillez-vous, mademoiselle l'agitée, l'opération est terminée.

Qu'est-ce qui se passe ? Où suis-je ? Là où j'étais, c'était si beau ! Tandis qu'ici, on me gifle...

Et, cette religieuse qui parle, parle...

— Petite tannante, arrêtez de gémir ainsi. Que voulez-vous me dire de si intéressant qui vaille la peine de faire saigner votre gorge ?

D'un tout petit filet de voix, j'affirme. C'est si imprévu...

— Mère, je suis allée au Ciel !

— Bon, qu'est-ce que cette fable ?

Elle s'étrangle de rire, tandis qu'arrive le chirurgien qui s'étonne de son exubérante gaieté.

— Figurez-vous que cette enfant prétend être allée faire un tour au Ciel pendant l'opération. Elle va sûrement nous en faire une description détaillée, comme ça nous ne risquons pas de nous perdre quand nous serons prêts pour le grand voyage.

Le docteur rit de bon coeur lui aussi, sans un regard pour moi. J'ai honte ! Pourquoi faut-il que je les détourne tous de moi par mes bizarreries ?

C'est à ce moment que j'entends les mots cruels, comme un couperet. Ils m'amputent la langue, à présent. La sœur les dit comme en rappel, voyant l'effet qu'ils provoquent, et le docteur acquiesce, bon garçon.

— Comment prétendre avoir été au Ciel quand on a dit autant de sottises que mademoiselle durant l'opération. N'est-ce pas docteur, que nous nous sommes faits dire des bêtises par notre petit ange cornu ?

— Oui, en effet. Il me fait ouvrir la bouche, prend ma tension. J'ai le coeur qui vole en éclats, mais il n'y prend garde, continuant à rire de concert avec l'infirmière. Je savais être comique, mais à ce point...

Indifférente maintenant, je n'ose articuler un mot de plus. Qu'on ne me croit pas, passe. Mais, qu'on me dise que j'ai été polissonne me chagrine beaucoup. Je ne me reconnais pas dans ce genre de petite fille... Je me renfrogne, confuse. Pourquoi me mentiraient-ils ? On m'apprend à être respectueuse des adultes et, surtout, des gens de leur acabit ; situés très haut dans l'échelle sociale. Je doute de moi, me mettant à pleurer.

À Tia, quelques jours plus tard, je raconte tout, encore sous l'effet de la honte. Elle me rassure.

— Cesse de te casser la tête. Ils ont voulu faire des farces, c'est tout. Réfléchis, sotte ! Comment peut-on se faire couper dans la gorge et dans le nez et parler en même temps, à moins d'être un phénomène à deux bouches, ce que tu n'es pas. Moi, je te crois. Raconte en détails... Je brûle de tout savoir... Tant pis pour eux !

Ah ! Tia, heureusement que tu es là, que ferais-je sans toi ?

*

Remise de mes maladies et de mes émotions, ce même hiver, j'organise nos jeux, enthousiasmée.

Derrière l'école des Frères, près de la rivière, on a construit un long glissoir, c'est là que j'entraîne Tia, après souper.

— Nous n'avons pas de traîneau...

Elle proteste pour la forme. Je vois dans son visage radieux qu'elle anticipe déjà cette partie de plaisir et je suis ravie. Nous sommes prises d'un excès de fou rire.

— Tant pis, lui dis-je. Je sais où trouver une boîte en carton, vide. Je la défais et nous nous en servons comme si c'était une luge.

Je suis excitée et elle, folle de joie. C'est si nouveau cette escapade. Rosalie nous laisse aller. Les devoirs sont faits, nous avons de bonnes notes en classe, même elle, est contente de nous voir enfin rire d'aussi bon coeur.

— Faites attention, les petites filles. Soyez prudentes et ne restez pas trop longtemps...

Un autre soir, je fais une nouvelle trouvaille. En nous servant de boîtes de souliers et en y faisant deux trous dans lesquels je fais passer de la corde, nous avons chacune une paire de skis. J'accroche les pieds de Tia là-dedans et vivement mon tour. La petite pente dans notre cour arrière est juste assez haute pour essayer nos drôles de skis, nous dévalons déjà en criant de plaisir. Tia tombe et se met à pleurer.

— J'aime pas ça ! Continue, toi. Je te regarde.

Attristée, je l'observe attentivement. Pauvre petite chose, toute tordue, toute menue, sans force, sans colonne vertébrale ; j'ai envie de pleurer, mais me retiens. Elle déteste qu'on s'apitoie sur elle. Faisant semblant de m'amuser, je glisse sans elle, mais ma joie est morte. J'abandonne vite ce jeu où elle ne peut participer.

J'aime beaucoup marcher et surtout lorsqu'une grosse tempête hivernale secoue mon coin de pays. Dans le vent, la neige et le froid, j'affronte ces éléments comme si me confronter avec la nature m'apportait un défi nécessaire à ma formation et une consolation autre. Je me rapproche de maman et de ceux qui sont là-bas, avec elle. Comme si dans le coeur de la nature déchaînée, dans la puissance qu'elle déploie pour montrer aux hommes qu'elle demeure la plus forte, une vigueur m'était donnée, tel un cadeau, pour que demain j'affronte la vie, celle qui m'effraie ; l'Inconnue. Et, comme si cette nature me guérissait de moi-même, m'élevant au-dessus de mes petites misères.

Les années se succèdent, malgré tout. Je grandis.

Autre événement important dans ma vie : devenir femme. Rosalie n'avait parlé de rien ; trop gênant. Un vrai cauchemar. Convaincue de mourir comme maman, dans mon sang... Je rate mes cours, les religieuses sont mécontentes de moi et Rosalie ne sait plus que faire, elle en a plein les bras et lance son tablier, puis le remet.

Tante vient me sermonner, un soir. Elle m'attaque par le biais. Cela réussit toujours. C'est un défi.

— Voyons, raisonne, Marie... Ta pauvre mère n'est pas morte pour te voir démissionner devant les choses de la vie ; elle espérait plus de toi. Ce n'est que du sang, après tout... Tu ne peux te conduire indignement et peureusement durant toute ton existence. Tu vas te faire un cancer d'intestins à ne plus aller aux toilettes.

Muette, je reprends dès le lendemain le dur labeur et recommence à agir normalement.

Puis, viennent encore des paroles reçues à l'intérieur de mon coeur, comme si une petite demeure s'y fut trouvée et qu'un être d'une grande profondeur s'y soit réfugié. Je ne pouvais inventer de tels mots, mais qui donc osait entrer en moi et me murmurer de pareilles choses ? Je prie beaucoup, je fais chaque soir, comme on nous le suggère, un examen de conscience et je parle à maman, dans mon coeur. Mais cette sorte d'instruction me donne la frousse et me fait douter de mon équilibre mental. Les religieuses se méfient de tout ce qui sort de l'ordinaire et ne se privent pas de le répéter. Et, moi donc ? Si, comme elles disent, c'était le diable... La peur resurgit avec sa cohorte de difficultés.

Sauf que je persiste à vivre intensément cette double vie, malgré moi. Eux, m'instruisent du Ciel...

Sur les conseils de mes proches je vais, un beau soir, consulter le [2]curé de la petite paroisse voisine. Il m'arrivait de partir ainsi, à l'aventure. Grand-père m'avait encore appris cela. Après avoir construit ma petite maison, là-bas, lui aussi était mort, me laissant seule avec Tia. De papa, les nouvelles ne venaient plus. La France était si loin ! Je devais me débrouiller presque seule. Tante vient de temps en temps, mais sa vie est compliquée et secrète. Elle a, dit-on sous le couvert, au village, plusieurs amants et non les moindres, car parmi eux se trouveraient certains notables et son propre oncle.

---

[2] Voir l'Ange de Pointe Paradis, roman du même auteure. Éditions Sept.

J'évite ce vieil homme de quarante ans, je le déteste à vrai dire, il ne cherche, en me voyant, qu'à me toucher les fesses. Tante, dodue et rose, aime beaucoup trop les hommes, selon moi, aussi ne l'ai-je jamais vraiment prise au sérieux.

Ce curé, croyait-il que j'avais la même ouverture que tante ? Je le crains.

Je suis mal reçue.

Il se moque de mes paroles. En ressortant du presbytère, je me sens sale, indigne et cruellement blessée, avec l'impression douloureuse que je saigne partout à l'intérieur de mon thorax.

Je ne raconte plus à Tia. Elle aurait tant de chagrin. Tranquillement, elle se détache de moi et je trouve cela bien. Surtout depuis que je suis devenue, par la force de la vie, une femme. Elle, non.

Avec Rosalie, elle brode, coud, apprend le tricot compliqué et bavarde de tout et de rien. Elles s'entendent comme larrons en foire. Je n'ai plus ma place ici. Grand-père décédé, papa disparu au loin, tante qui ne pense qu'à aller s'étendre sur un matelas avec n'importe qui, il ne me reste plus qu'à accepter d'épouser Adrien qui, lui, au moins, a le mérite de s'intéresser à moi et m'aime depuis toujours. Puis, je l'avoue, en écrivant mon journal, je ressens lorsque je suis en sa présence, de drôles de sensations, comme si mon corps appelait le sien. Ce doit être cela que les livres appellent l'amour. J'aurai bientôt seize ans. Il me poursuit de son assiduité depuis si longtemps.

*

Aujourd'hui, c'est une grande fête : Tia a vécu un événement important et prend une figure de circonstance pour nous l'annoncer, pendant que nous déjeunons.

Comme elle a l'air mystérieuse !

Je suis tout ouïe et Rosalie donc !

— Vous pouvez pas vous imaginer ce qui m'est arrivé cette nuit...

À dix-huit ans, Tia a encore l'allure d'une fillette d'à peine sept ans. Mignonne, une lueur moqueuse dans les yeux, elle sait qu'elle nous fait sécher d'impatience et aime ça. Je rigole.

— C'est un rêve, bah !

— Pire.

— Ben, un quoi rouspète Rosalie ?

— Un songe, dit comme inspirée Tia. Figurez-vous que j'avais les yeux ouverts, j'attendais de me rendormir, quand j'ai vu Madame Rivard, la voisine, venir vers moi, toute habillée de blanc.

— Ben, voyons, elle est à Rimouski, chez sa fille, riposte Rosalie, ébranlée.

— Elle t'a parlée ?

Vivement intéressée et curieuse, je la bouscule un peu par mon ton nerveux. La futée prend son temps.

— Elle m'a dit, tenez-vous bien : « Tia, prie pour moi. Je suis morte à minuit. Je m'en vais à mon tour. »

— Hein ! c'est une farce ?

Rosalie est furieuse. Mais, Tia, les yeux mi-clos savoure son effet. Je ris, ravie. Enfin, y a pas que moi qui suis cinglée dans cette maison.

Nous n'avons pas fini de nous étonner chacune, que le carillon de la porte se fait entendre.

— C'est de bonne heure pour venir déranger les gens grommelle, pour la forme, Rosalie qui s'empresse d'aller ouvrir, conciliante et charmante avec la visite.

Le fils aîné de Madame Rivard fait irruption dans la cuisine, bouleversé.

— Maman est morte cette nuit. Ma sœur vient de me téléphoner. Dans son sommeil, elle n'a pas souffert, heureusement. Elle qui craignait tant la mort, elle ne l'a pas vue venir.

— Mais Tia, oui, par exemple.

Rosalie me lance un regard furibond, tandis que le fils se tourne vers moi, avide de se changer les idées. Par moi viennent toutes les surprises, c'est bien connu dans le quartier.

— J'voulais rien dire d'autre que Tia priait pour ta mère depuis un bout de temps, elle sentait venir des choses, n'est-ce pas, Tia ?

En guise de réponse, elle baragouine quelques mots inintelligibles en m'assassinant de son regard perçant qui ne sourit plus.

C'est ce matin-là que j'ai su que je pouvais partir tranquille. Tia avait trouvé une nouvelle vocation et Rosalie son maître. Je pouvais dire oui à Adrien.

*

« Les expériences bâtissent les hommes et les épreuves les détruisent. » Je ne me souvenais plus qui avait écrit cela, mais je me regardai dans le miroir, ce jour-là, en me promettant que pour moi ce serait tout le contraire. On ne me détruira pas, advienne que pourra !

47

Dans mon journal, ce même soir, alors que la pluie tambourine contre les carreaux de la fenêtre de ma chambre, que l'oiseau s'époumone à chanter « Frédérique, rique, rique, » que l'air se remplit de promesses, j'écris : « Jusqu'à aujourd'hui, je n'étais qu'une enfant, maintenant je comprends que la vie ne donne rien, elle nous offre des obstacles à vaincre et tant pis pour ceux qui leur tournent le dos ; ils meurent asphyxiés en eux-mêmes. »

La nuit arrive et la pluie poursuit sa descente inlassable vers le sol. Elle continuera à nourrir le vieux chêne qui s'acharnera à pousser envers et contre tous les vents mauvais, elle fera encore refleurir le lilas et le rosier blanc près de ma chambre, elle lavera toujours la vétuste galerie de bois vermoulu et me nettoiera de toutes les bavures des temps noirs, des larmes amères de toutes ces années qui n'ont pas tout à fait terminé leur travail réparateur. Elle, la pluie bienfaisante, le pourra.

Partout où j'irai, elle me suivra et se fera grêle, puis neige et continuera à nourrir ma soif vive et ininterrompue. Partout où je m'enfuirai, la pluie inondera mon champ pour qu'il devienne fertile et lavera mon âme pour qu'elle atteigne les plus hauts sommets.

Je m'en fais le serment.

Au monastère, Joseph dans sa chambre, tourne délibérément le dos à la fenêtre, il est contrarié. Voilà à présent plus d'une semaine que le Père Abbé lit le cahier de Marie et qu'il ne lui parle plus. À peine le regarde-t-il lorsqu'il le rencontre. Comme il n'a pas coutume de se comporter ainsi avec lui, Joseph est embarrassé. Peut-être, se dit-il, devrais-je retourner le voir et lui demander une pénitence pour l'avoir autant offensé, je ne sais plus que penser.

Nerveux, inquiet, il arpente la pièce exiguë quelques minutes en égrenant machinalement son chapelet. Puis, il jette un coup d'oeil dehors. Le Père, assis sur son banc, semble accablé. Le cahier, couché sur ses genoux, est fermé. Peut-être réfléchit-il à ce qu'il a lu, se dit le novice.

Bientôt les cloches sonneront les Vêpres, je marcherai non loin de lui, m'assoirai tout près et lui ferai signe aussitôt qu'elles seront terminées. Il sera bien obligé de reprendre le dialogue avec moi.

Mais Joseph n'a pas à organiser une rencontre, c'est le Père Abbé qui vient vers lui, dès que le groupe se met en mouvement pour entrer dans la chapelle.

— Venez me voir, à mon bureau, Joseph, dès que l'office sera fini, j'ai à vous parler.

Le jeune homme baisse la tête en signe de soumission et d'obéissance et son supérieur le bénit rapidement, tout en marchant.

Une heure plus tard, ils sont à nouveau réunis.

— Fermez la porte et venez vous asseoir en face de moi, que je voie bien votre regard lorsque je vous annoncerai la nouvelle. C'est important que je sache ce que vous pensez réellement, sans vouloir me faire plaisir, comme il vous arrive trop souvent, hélas !

Joseph bafouille quelques mots, puis s'assied, pensif. Il se demande anxieusement ce que cache si mystérieusement le Père Abbé. C'est vrai qu'il tait souvent ses propres réflexions par respect pour le Père, ayant peur de s'emporter. Il a un caractère bouillant qu'il doit dompter, le Père devrait comprendre.

Il soupire bruyamment.

Le Père Abbé a un sursaut d'impatience, puis s'efforce de retrouver sa sérénité.

Lorsqu'il constate le trouble de Joseph, il décide de ne pas le faire languir, et amorce le sujet illico.

— Voilà. Vous savez sans doute, car nos frères parlent malheureusement encore trop souvent, que j'ai l'intention de modifier la ferme. Nous avons une demande de fromage de chèvre et nous avons décidé de faire l'acquisition d'un jeune troupeau. Il arrivera dans quelques jours. C'est vous, Joseph, qui vous verrez responsable de ces bêtes et de leur bien-être. Cela vous changera de vos cours interminables, de vos courses dans les champs et de vos désirs par trop matériels. De plus, je sais, car je vous connais, que ce cahier vous tient trop à coeur, il faut vous en détacher. Ce sera, nous le croyons, un excellent moyen, que ce travail, pour vous faire retrouver le chemin de la lumière. De plus, la disponibilité qu'il vous faudra pour combattre ces désirs, qui je le répète, prennent beaucoup trop de place dans votre coeur et votre tête, sera la bienvenue. Là, dans cette obédience, vous pourrez faire oraison, tout en vaquant à cette noble tâche qui sera la vôtre désormais. Vous oubliez trop souvent que nous sommes ici pour servir Dieu et non les exigences terrestres. Vous pouvez disposer, nous nous reverrons plus tard.

Coupant court, Dom Pière congédie son jeune protégé, en tentant de poser son regard sur son livre de prières ouvert et posé à plat sur son pupitre, voulant oublier la déception visible de Joseph.

Il souffre depuis peu un véritable calvaire et ne comprend pas pourquoi « on » le martyrise ainsi. Mais, il ne se laissera pas abattre, il vaincra de ce singulier combat avec l'invisible Marie. Il se le jure : « C'est nous, l'Église! » Après cet acte de foi, serein, il reprend ses prières...

Le Père Abbé reprend la lecture du cahier de Marie. Il peste un peu mais, patient il sera. Dieu veut qu'il lise ? Il lira. Déterminé à aller à la fin du récit.

*

Je suis décidée, j'épouserai Adrien. Je vais faire mes adieux à Tia et à Rosalie. Tante est offusquée. « Un mariage, c'est de la folie, mais deux ! une catastrophe. » Elle me boudera de cette extravagance, une idée de mon futur époux, et me punira en ne m'adressant plus la parole de toute sa vie.

En effet, après une bénédiction dans la plus stricte intimité, en compagnie de sept personnes, des intimes qui ne cessent de pleurnicher sur mes ennuis, Adrien a décidé que nous prenions le traversier pour nous rendre sur la rive sud où nous aurons un deuxième mariage dans la plus pure tradition, avec toute sa parenté, cette fois.

J'aime Matane. J'ai toujours beaucoup aimé la Gaspésie qui a une âme différente de la rive nord. Je ne m'explique pas pourquoi ce fervent attachement, aussi suis-je emballée par l'idée d'Adrien.

— Tu es prodigieux ! Je saute à son cou en l'embrassant généreusement.

Il sourit d'aise, mais ne dit mot. Il le sait déjà. Son regard est celui d'un conquérant qui récolte ses lauriers. Je l'observe et ses yeux tout à coup viennent me questionner l'espace d'une seconde : pourquoi ce regard glacé, impénétrable ? Mais cet instant est fugitif et je me suis toujours convaincue, par la suite, que j'avais imaginé cette scène. Je ne revis pas cet éclair de dureté dans le gris de ses prunelles.

*

Il est six heures du matin. Je viens de me lever et je regarde par la fenêtre. Le fleuve ! Beau ! Calme ! Adrien et moi sommes chez une tante de sa parenté et nous partirons dans quelques minutes pour l'église St-Jérôme où aura lieu la cérémonie en présence du clan Le Forestier.

Parcourant en voiture les quelques kilomètres pour nous y rendre, j'observe chaque détail du paysage gaspésien. Toujours aussi intéressant pour des yeux de poète. À ce moment, je souhaiterais en être une. Mais je garde mes pensées ; elles n'intéressent pas Adrien occupé à calculer combien coûtera le voyage de noces.

La féerie qui enveloppe le panorama me séduit et me comble. Recouvert par le familier manteau de brume, de gris qu'il était hier, à notre arrivée, il est ce matin de couleur mauve pâle. Les habitations de l'autre côté de la rivière, le quai et les bateaux de pêche ressemblent à autant d'ombres chinoises ; petites maisons de poupées en papier, comme suspendues dans l'éther mauve-rose, qui s'étirent et bougent si lentement qu'on croirait un film tourné au ralenti. Le paysage danse. Je suis fascinée et ne me prive pas d'admirer, le visage tendu au-dehors, par la vitre baissée de la portière.

Nous sommes en juillet 1960 et la journée s'annonce très chaude. À cette heure matinale, nous suffoquons déjà. Je laisse à Adrien le soin de s'en plaindre. Quant à moi, c'est un atout de plus dans ma corbeille de noces que m'offre la vie. J'aime cette tiédeur, comme les bras maternels. Maman me manque tellement !

J'aimerais que le temps se suspende, s'éternise et mourir là, en contemplant la beauté de ce tableau aussi sublime. Heureuse, j'ai l'impression que mort plus belle n'existe pas. Comme lorsque j'étais petite...

« Drôles d'idées pour la journée d'un mariage » dirait tante, si elle était là à m'écouter soliloquer. Je pouffe de rire à la mimique qu'elle ferait.

— Qui a-t-il de si comique ? me demande Adrien qui sort de ses maux de piastres ?

— Oh ! presque rien, lui dis-je. Juste une réflexion plaisante que je me faisais. Retourne à ton livre de comptabilité.

Durant la cérémonie, j'ai la troublante impression de vivre à côté de mon corps, comme un double qui assiste à un événement qui ne le concerne pas. Étrange ! Pourquoi ne suis-je que figurante et non participante ? Je ne saisis pas mon attitude intérieure. Je me sens mal...

J'entends la somnambule répondre faiblement : « oui, je le veux ».

Je pousse un soupir de soulagement. S'il avait fallu que je me trompe, que j'ose dire non ! Quel scandale ! Je regarde cette famille empesée, qui m'est étrangère et, il me tarde soudainement d'enlever ma robe de scène, d'enfiler à nouveau mes jeans pour courir, soulagée, sur la grève. Dorénavant, j'aurai quelqu'un pour s'occuper de moi et me faire soigner si je suis malade. Car je suis très préoccupée par cette riche vie intérieure qui n'en finit pas de me faire douter de mon équilibre.

L'église et la parenté sont déjà du passé.

Adrien a délaissé ses calculs et me presse dans ses bras. Un homme ! Il a hâte. Beaucoup plus hâte que moi qui suis restée chaste par principe, par idéal et par volonté.

Il conduit lentement, le bras passé autour de mes épaules, j'aime bien. C'est confortable, rassurant. Son odeur de mâle m'émoustille un tantinet, me fait croire que je suis heureuse.

Puis, voilà que je me sens décoller... on m'appelle... mais qui ? J'écoute... Pourquoi ne puis-je être détendue et tranquille le jour de mon mariage ? Qui a-t-il de si impératif en moi qu'il me faille me détourner de mon mari pour me plonger dans l'inconnu qui me rend tout autre ?

« Souviens-toi de Tobit, dans la Bible, lorsqu'il était avec l'ange. Tu dois offrir ta première nuit de noces. Dis-le à ton mari, c'est essentiel. »

Loufoque, me dis-je. Absolument démentiel. Il ne voudra jamais. Il est complètement maboul juste à l'idée de me posséder. Depuis si longtemps que je le fais patienter. Seigneur ! Il va me trouver folle à lier.

Silencieuse, je l'observe conduire l'auto, il est habile et si sûr de lui. Sans rien dire, il ne parle jamais inutilement, il s'engage dans le chemin d'un motel. Motel de l'étoile. « Tiens, intéressant. » J'en conviens tacitement. Je suis si fatiguée... Envie de dormir soudaine... J'attends sagement dans l'auto qu'il revienne.

Adrien prend la clé et mon bras.

— On nous a alloué le numéro 7. C'est de bon augure. Qu'en dis-tu ?

— Je suppose, oui...

Pourquoi discuter ? Il a décidé. Puis, la mer est belle, invitante et si près. Chassant mes étranges pensées et mon envie de sommeiller, je fouille déjà dans ma valise à la recherche de mon maillot. Une envie folle de me purifier.

— Marie ! Tu ne vas pas te baigner ! Me semble qu'il y a quelque chose d'important... de mieux... enfin, tu comprends ? Il est embarrassé, déçu.

Non, je ne comprends pas. Non, je ne saisis pas et ne veux pas écouter, ni obéir. Le fleuve est irrésistible et je suis déjà enivrée à l'idée de m'y plonger tête première. J'y cours, j'y vole... Adrien me suit, grondant, boudant, refusant d'enfiler à son tour son caleçon de bain.

Tant pis pour lui !

Je m'amuse comme une petite fille, sautant dans les vagues, me laissant rouler en elles, faisant corps avec ces tonnes d'eau comme si nous étions soudées elles et moi. Toute ma joie est revenue, et même le beau et grand Adrien, qui fait les cent pas sur la plage, n'arrive pas à dompter mon plaisir intense, sauvage, irraisonné.

Durant de longues minutes, je lave mon corps, mon âme et surtout ma tête de toute impureté, de tout tourment. Puis, je reviens à ce jour, me rappelant que je

56

ne suis plus libre, que j'ai donné ma vie à cet homme là-bas et qu'il m'attend pour connaître le bonheur.

Pourquoi à cet instant même suis-je en train de songer que la Chine est très loin et que j'aimerais m'y trouver ?

Je reviens vers lui pourtant, mais l'étrange conseil demeure toujours au fond de mon âme : « Il vous faut offrir votre première nuit de noces. »

Dans notre chambre, quelques minutes plus tard, attablés devant un succulent poulet au citron, je parle. Je lui avoue tout, même le curieux avertissement que mon âme a reçu. J'ai du mal à tout confesser.

— Croyais-tu vraiment Adrien que ce serait facile avec moi ? N'ai-je pas essayé de t'avertir souvent ? Toujours, tu t'es moqué de mes appréhensions, de ma vie intérieure. Toi, tu n'y crois pas. Mais, au fond, suis-je vraiment libre ? Étais-je vraiment libre de t'épouser ?

Songeuse, je me tais. Il se fait rassurant, aimant, attentionné et m'attire contre lui.

— Pour ce soir, je veux bien considérer ta demande farfelue comme une lubie et te l'accorder, malgré ma répugnance à céder face à une chose aussi irrationnelle. Moi, je suis un cartésien, un pragmatique, je vis dans le raisonnable et le visible. Mais, tout compte fait, peut-être y a-t-il en toi quelque chose de différent que je ne connais pas et, cette distinction entre nous deux est loin de me déplaire, elle m'excite davantage. Aujourd'hui, je vais te serrer dans mes bras quelques secondes, malgré mon brûlant désir et respecter ton voeu, mais demain...

Je m'abandonne, malgré l'heure indue, au sommeil qui m'envahit totalement. Adrien a lu ses revues de commerce, puis s'est allongé sagement près de moi. J'ai senti son corps tout chaud près du mien. Je lui suis reconnaissante de son sacrifice.

Réveillée quelques heures plus tard par une sensation importune, je songe à moi. Suis-je vraiment une capricieuse ? Pourtant, dans le passé, jamais je n'ai agi ainsi... Pourquoi suis-je si différente des autres femmes ?

Je récapitule brièvement les petits incidents du matin. Tout d'abord, le curé qui disait ne pas avoir reçu les documents officiels pour le mariage et qui les trouve enfin, après avoir tourné son bureau à l'envers. Ensuite, la course autour de l'église pour nous faire signer les registres, nous avions l'air de mariés poursuivis par des gangsters avec la mafia familiale aux trousses, habillée de noir. J'ai eu l'envie folle de crier : « Stop ! on efface tout et on recommence ! »

Maintenant, j'en ris nerveusement mais ce matin, tout était différent, j'avais l'impression qu'on se moquait de nous ou, pire, de jouer dans un mauvais film tragicomique.

La nuit est venue, il fait très noir dans la chambre. Près de moi, mon mari sommeille paisiblement. J'entends son souffle régulier.

Soudainement, mon attention est attirée par quelque chose de très lumineux juste au-dessus du secrétaire de la chambre. L'objet se précise. Maintenant, je distingue nettement une croix qui a environ douze pouces de hauteur. Bizarre ! Je n'ai pas remarqué cette croix, lorsque nous sommes entrés dans la chambre, à la fin de l'après-midi. Au fait, je suis certaine qu'elle n'était pas là, je l'aurais vue. Le mur était vide.

Je pousse Adrien sans ménagement. Il grogne, mais se réveille.

— Qui a-t-il ? Tu as changé d'idée ?

Je murmure, effrayée.

— Regarde plutôt au-dessus du secrétaire. Vois-tu quelque chose ?

Soulevé sur ses coudes, étonné, il écarquille les yeux.

— C'est pour « ça » que tu me réveilles ? Bien, franchement, toi, alors !

Comme il semble vouloir se rendormir, je l'incite à se lever et à aller faire une inspection en bonne et due forme. Je n'aime pas être le jouet d'hallucination ou d'une mauvaise farce.

— Allons, ouste ! Va voir dehors, mais écarte les rideaux, avant.

Prestement, il se lève et fait ce que je lui demande. Dehors, la nuit est noire, nulle étoile. Sur le fleuve, pas l'ombre d'une lumière ou d'un bateau. La grève, quant à elle, est exempte de marcheurs. Seuls, le clapotis des vagues vient briser la profondeur du silence nocturne doublé des modulations de grillons séjournant dans les longues herbes près de notre fenêtre.

Mon mari revient, l'air endormi, la tête hirsute, comique. Je ne peux m'empêcher de pouffer.

— Rien à signaler à l'horizon, capitaine. Moi, je me recouche. Finie l'enquête.

Adrien ne se laisse pas intimider par un fait inusité, il s'en fout tout bonnement. Quant à moi, je sais que cela n'est pas normal et que ce signe veut me dire quelque chose, mais je suis beaucoup trop agitée pour écouter à l'intérieur de moi. Mon mari voit bien que je suis remuée, il se fait rassurant et en rajoute.

— Voyons, chérie ! Cache-toi par-dessus la tête, comme ça tu ne la verras plus. C'est vrai qu'elle n'était pas là, hier. On a dû l'accrocher cette nuit. Il est hilare.

Mécontente, je me lève d'un bond. Je dois trouver moi-même le plaisantin, étant donné que je refuse l'incident qui me chamboule.

À mon tour, je tire les rideaux et regarde la profondeur de la nuit. Dépitée, je ne vois rien et cette croix sur le mur qui continue à scintiller comme si elle vibrait à l'unisson de mon coeur qui bat la chamade. J'enrage !

Adrien s'est rendormi, indifférent, pendant que moi, je surveille le mur. J'ai peur ! Pourtant elle n'a rien d'apeurant, mais c'est plus fort que moi ; je tremble. Je voudrais tellement savoir d'où elle vient... ce qu'elle me veut... Malgré qu'en mon for intérieur, je sais ce que je réfute inflexiblement.

Le jour arrive lentement, trop lentement et la croix diminue d'intensité et s'éteint tout à fait. La luminosité du jour efface complètement la noirceur mystérieuse de son pouvoir magique et occulte. Je respire mieux.

Pourquoi mes sempiternels doutes me perdent-ils en conjectures ? Lui, Adrien, ne donne aucune importance au fait inexplicable, il se rit de moi.

— Tu t'endors ? C'est bien fait. Qu'avais-tu à surveiller cette chose bizarre ? Quand on ne peut s'expliquer une chose, on l'ignore et on l'oublie. C'est meilleur pour la santé mentale.

Le propriétaire du motel, à qui je vais m'informer, semble mal à l'aise, ses yeux méfiants. Il me scrute.

— Vous devez avoir rêvé, Madame. Il n'y a aucune croix dans mes chambres et aucune dehors. Les rideaux sont épais et les nuits tranquilles dans l' boutte.

Je me tais. Adrien ricane et je me précipite dans la voiture avant de leur piquer une crise de larmes ; la nuit m'a complètement épuisée. Me voilà dans un bel état pour satisfaire Adrien ! Que dirait la voix cartésienne de l'Église ? « Impossible ! Il ne peut y avoir d'apparition de croix. » Voilà ce qui me taraude.

Tassée dans le coin de mon siège, je regarde machinalement le bleu étincelant de la mer, ne pouvant m'empêcher d'être triste. Pourquoi faut-il que je ne vive jamais la vie comme tout le monde ? Je crains qu'Adrien ne soit très irrité contre moi, il ne dit mot. Il doit réfléchir à la gaffe qu'il a faite de m'épouser. En vérité, il ne sait rien de mes expériences irrationnelles et il se sent dépassé, car, lui aussi il l'a vue. Et, pourtant, il n'en dit rien. Comme nous sommes ignorants ! Je me reproche de ne pas lui avoir tout raconté, dans les moindres détails, au sujet de ces curieuses choses qui se passent depuis que maman est morte et qui demeurent inexplicables. J'avais pourtant cru bien agir en allant voir le prêtre, mais je lui ai certes fait peur, étant donné leur réaction à lui et à la religieuse, sa servante. Jamais je ne pourrai oublier l'exorcisme qu'ils m'ont fait subir. L'horreur ! Que faire maintenant ? Adrien pourra-t-il m'aider ? Me rassurer ? Me faire soigner, si je suis malade ? Pourtant mes nerfs sont en bon état, je fonctionne comme tout le monde, normalement... Si je peux rencontrer un médecin, peut-être, lui, verra-t-il clair en moi...

Québec ! Enfin ! Nous voici sur le pont. C'est la première fois que je vois cette merveille, je suis très impressionnée. Adrien n'a pas encore desserré les dents. Que lui dire pour le dérider ?

Un autre motel. Adrien le choisit. C'est bien naturel, n'est-ce pas lui qui tient les cordons de la bourse ? Je le laisse me guider, m'initier. Il a beaucoup d'expérience, moi pas du tout.

Nous allons danser. Je suis belle, il me le souffle à l'oreille. Ce doit être vrai, les autres hommes me regardent beaucoup et je vois qu'Adrien se gonfle d'orgueil. Cela m'indiffère. J'ai d'autres intérêts en tête. D'abord, manger : Adrien a toujours faim ! Moi, j'ai un mal de crâne tenace. Je crains un instant de m'évanouir. Il fait si chaud ! Si humide ! La foule si dense...

« Le bel Amour ». À ce restaurant, on a vite fait de lui redonner l'énergie nécessaire pour entreprendre une virée dans Québec, ce que nous faisons sitôt le repas avalé. J'ai à peine grignoté...

Le lendemain matin, Adrien s'étire satisfait. Sa nuit a été merveilleuse, il n'arrête pas de me caresser et de me dire comme il m'aime !

Pourtant, je me sens malade, si malade ! Je crois sincèrement que je vais mourir. J'ai la lourde impression de n'être plus qu'une petite veilleuse, à la mèche rendue mince comme un fil, et dont la lumière s'éteindrait tranquillement. Il s'en aperçoit enfin, fou d'inquiétude.

— Mais, tu es brûlante de fièvre ! Rassurons-nous, cela ne peut être bien grave... Il s'agite, enfin !

J'avais un moment eu le sentiment imminent de mourir sans qu'il s'en rende compte, tellement il délirait dans ses multiples extases. Tante ne m'a jamais dit comment arrêter un homme de vous adorer... Je n'avais pour l'heure plus de corps, plus d'âme, plus de cerveau. Seules une immense lassitude et une irrésistible envie de partir très loin, de mourir aujourd'hui, m'habitaient totalement.

*

Le départ pour l'hôpital, la courte attente, le médecin qui ausculte, qui questionne, qui donne des directives, les multiples voix qui frappent mon tympan, les bruits des ambulances, des civières, tout ça vient à mon oreille comme dans une semi-conscience ; je me laisse couler...

Le diagnostic tombe à la fin de la journée : « Votre femme a la poliomyélite, il faut l'hospitaliser. »

Une semaine dans cet hôpital où je suis entre la vie et la mort, à ne plus penser rien d'autre qu'à m'accrocher à Adrien qui veille à mon chevet jour et nuit. Lorsque j'entrouvre les yeux, je le vois penché sur moi qui me murmure des mots tendres et je saisis qu'il m'aime vraiment. Malgré mon extrême faiblesse, la grande question persiste dans ma tête : pourquoi m'aime-t-il ? Pourquoi s'intéresser à mon corps, puisque je ne suis qu'une âme ?

L'appartement à Montréal est prêt depuis plusieurs jours, lorsque je peux enfin me lever et faire quelques pas, Adrien m'enlève presque.

— Chez nous, tu seras bien mieux. Je te donnerai tout ce que tu auras besoin et tu guériras très vite. Aie confiance en moi. Le peux-tu ?

J'acquiesce aussitôt. Nous partons. Il a été chercher une chaise roulante qu'il pousse tout en portant ma mince valise. Surpris, on nous regarde passer. Je suppose qu'on croit que je vais mourir, sans soins. Il n'en est rien. Dès le soir venu, un médecin vient m'injecter un sérum jaunâtre, très épais, on dirait un oeuf mousseux qui met vingt minutes à s'introduire dans mon sang.

— C'est le même remède pour tous nos malades atteints comme vous, petite madame. Avec de bonnes prières en surplus, vous devriez guérir rapidement.

Un mois durant, il vient me voir chaque jour et m'administrera le même antibiotique dont il a fait une provision dans notre réfrigérateur. Il sonde mes membres, s'étonne de voir que je suis si résistante.

Il avertit Adrien.

— Dès qu'elle ressent la moindre petite paralysie, vous devez m'appeler immédiatement.

Lorsque je lui parlerai de Tia, de ses nombreuses maladies, dont celle-ci, il comprendra que j'ai été, à son contact, quelque peu immunisée. Merci, Tia !

Si je reste très faible, par contre je reprends courage et petit à petit l'envie de lutter pour vivre revient. Adrien est attentionné et adorable tout ce temps. C'est lui qui entretient l'appartement, qui fait la nourriture, m'apportant son soutien à chaque fois que nécessité l'oblige. Si le poison de quelques doutes sur son amour véritable m'avait légèrement perturbée, maintenant je sais qu'il est sincère lorsqu'il me dit : « Je t'aime ! »

Mais, vivre uniquement de cet amour, par cet amour et pour ce seul amour, je m'en sens incapable. Fondamentalement, j'éprouve un besoin très vif de plus, d'un je ne sais quoi que je perçois encore beaucoup trop grand pour moi. Comme un manteau qui attendrait que je grandisse pour me couvrir totalement. Et, en attendant, j'ai faim, j'ai soif et j'ai très froid...

Au monastère, le troupeau de chèvres était arrivé et Joseph, fidèle, obéissant et dévoué, remplissait sa tâche vaillamment. Il avait délaissé ses courses interminables et troqué ses jeans pour un vieux froc de bure et des sandales élimées. Sans en connaître la raison, il savait que le Père Abbé avait de forts et bons motifs pour lui faire vivre cet épisode pour lequel il ne se sentait, hélas, aucune disposition particulière. Son supérieur était son supérieur, voilà tout.

Ce jour-là, Dom Pière a quitté son banc de prédilection plus tôt que d'habitude ; il a pris une décision. Comme à chaque fois qu'il se sent inquiet, tourmenté, il se prépare à partir faire une randonnée en montagne, vaincre ses démons intérieurs. Le mépris d'autrui et l'impatience, pour le moment, sont ceux qui le torturent davantage. Et, pire que ceux-ci : il ne sent que haine pour Marie, malgré son intense désir de la chérir, à l'exemple de Joseph, qu'il juge si naïf dans ses attachements. Il lui fallait vaincre cette maudite haine avant qu'elle ne l'empoisonne.

Le cahier noir posé sur son pupitre, il lui jette un bilieux et hostile regard en quittant la pièce comme si ce dernier avait, par son déplaisant contenu, dépassé la dose prescrite que le bon Père s'était délibérément fixée en le prenant sous son aile. C'est à cause de celui-ci qu'il doit aller faire pénitence, ayant l'impression de dépasser les

66

bornes de la tolérance et de la charité. Pourquoi devait-il, lui, s'immiscer dans les âmes de ces personnes dont il ne connaissait hier seulement pas l'existence ?

Il allait marcher. Très loin. Peut-être descendre la montagne jusqu'au Parc Forillon. Cela lui ferait une bonne trotte, un excellent remède contre le malaise persistant, ce ver dévastateur qui s'était engouffré dans son âme depuis qu'il lisait « Les actes de Marie. »

Chaussé de vieux godillots cloutés, ceux que son frère avait portés à la guerre en Irak en 1991, qu'il affectionne tout particulièrement parce que Marcel y avait laissé sa jeunesse et sa vie, et revêtu d'une tunique chaude avec capuchon, le bâton à la main, Dom Pière part en disant son rosaire qui ne quitte jamais sa ceinture. Il s'est muni d'un quignon de pain, d'une pomme séchée et d'une bouteille d'eau. Il priera tout le long du parcours d'une bonne vingtaine de kilomètres et reviendra lorsqu'il aura senti sous ses pieds meurtris l'eau rafraîchissante du golfe Saint-Laurent et, dans son cœur, la paix revenue. Puis, en ce mois d'octobre, l'air encore tiède qu'il respire à pleins poumons, si surprenant pour ce temps de l'année, lui apporte une immense consolation. Il n'est pas rare que la neige couvre le sol dès septembre, aussi soupire-t-il d'aise en regardant admiratif les hautes cimes des arbres encore porteurs de quelques feuilles dorées et rougeâtres. « Merci, Seigneur, murmure le vieil homme, comme tu es bon pour tes enfants. Pourquoi faut-il qu'il y en ait tellement qui ne savent même pas que tu es bel et bien Vivant et qui ne recourent jamais à toi dans leurs grands moments d'épreuves ? S'ils savaient seulement l'immense don que Tu veux leur faire de Ta Vie... Tu vas m'aider, dis ? »

Les yeux mi-clos, le moine va son chemin sans se détourner, à pas rapides, absorbé dans une profonde méditation. Rien ne vient le distraire de son oraison. La solitude ne l'a jamais effrayé, bien au contraire, il se sent plongé dans une paix bienfaisante, entouré d'amis invisibles.

Il ne s'étonne pas quand l'image qu'il s'est imaginé de Marie s'impose à lui. Au sein de sa vie, la voilà devenue présente en permanence ; elle dérange. De plus, la grande question lancinante persiste : est-elle de Dieu ? Il lui cherche des circonstances atténuantes, comme pour éclairer sa propre conscience.

Comme l'oiselet, se dit-il. Elle a été prise comme le petit de l'oiseau dans une sorte de filet qu'est la vie. Sans se défendre, elle est entrée dedans. Peut-être était-ce son destin... Quelle vie difficile et bizarre tout de même. Que dire à Joseph ? Lui qui l'aime tant. Où peut-elle bien se trouver présentement ? Morte ? Enfermée dans un couvent ? À l'asile d'aliénés ? Encore avec son mari ? Si oui, alors pourquoi ne jamais avoir donné de ses nouvelles à ces gens de Pointe Paradis ?

Et, pourquoi avoir confié ce cahier à cet enfant ? Ne pas l'avoir assumé jusqu'au bout ? Voilà ce qui m'exaspère, me fait perdre l'appétit et m'empêche maintenant de prendre la plus sage décision.

Si je marche aujourd'hui, c'est pour faire pénitence et convaincre Dieu. Lui parler d'elle, l'implorer de me donner Sa sagesse. Lui dire que je n'ai pas l'intention de me soustraire à ce satané devoir, malgré...

Le vieux moine interrompt son monologue intérieur.

Le jour vient à peine de se lever et Dom Pière a déjà descendu la rude pente qui se trouve juste devant le monastère. Il s'apprête à entreprendre une montée abrupte pour mieux redescendre sur l'autre versant et ainsi aller droit devant, vers ce fleuve qu'il aime autant qu'on peut aimer tout ce que contient la terre.

Il se signe lorsque paraît l'aurore et une légende arménienne très vieillotte lui revient en mémoire. On y dit que Dieu lorsqu'Il vit poindre l'aurore, qu'Il venait de créer, s'écria : « Ô rare est ce pur joyau qui donne à la naissance du jour autant d'éclat ! » Mais, avant, Il avait expérimenté dans une coupe de cristal de roche où la nuit était le matériau lourd et la clarté de Sa Lumière le matériau léger. Après un amalgame divinement dosé, est née l'aurore. Heureux de l'effet merveilleux, Il contempla Son Œuvre et la baptisa ainsi.

Revigoré par cette fable, le bon Père s'éveille à la vie, il regarde enfin autour de lui ; l'aurore illumine tout. Il est, malgré son âge, toujours émerveillé de contempler la nature et constate que les lumières des fleurs sauvages se sont éteintes l'une après l'autre, comme sur un théâtre, quand le jeu s'arrête, que les acteurs s'éloignent et qu'il ne reste plus que la sentinelle pour veiller sur les mots qui résonnent encore dans les vieux murs désillusionnés et sur l'imaginaire. Ici, sur les planches de la vraie vie, Dieu berce et endort Sa création pour mieux la faire renaître le printemps suivant. Il soupire, songeant que c'est ainsi qu'on meurt pour mieux revivre ensuite, puis s'éteindre et encore tout recommencer jusqu'à ce que Dieu décide que c'est assez. « Enfin, ce doit être cela puisque tu nous gardes dans le noir jusqu'à ce que nous puissions tout voir. » Il est au fond de lui-même un peu révolutionnaire. Les croyances orientales avaient sûrement quelques vérités autres que la méditation et il privilégiait cette coutume qu'il croyait le moyen par excellence pour se connaître à fond.

Comme le cormoran ou le héron enfonce son long bec dans le sable boueux pour cueillir sa pitance, le Père plonge au fond de son être pour saisir les mots les plus appropriés voulant saisir Dieu de l'urgence. « Je me fais vieux, Seigneur, il me tarde de terminer cette curieuse affaire avant d'aller à notre rendez-vous. S'il vous plaît, ne me laissez pas dans l'ignorance au sujet de mes actes à venir, vu que c'est Votre Volonté qui doit être faite, mais montrez-la moi. Autrement, que voulez-vous que je fasse, seul ? »

Il continue à marcher et, fatigué, cesse de monologuer avec l'Invisible, jugeant qu'il a assez bavardé. Car après tout, Dieu peut comprendre, il se fait très vieux et cette rude marche est probablement la dernière qu'il fait. N'a-t-il pas appris, jadis, qu'il suffisait de s'aviser l'un et l'autre, en soudant ensemble les deux coeurs pour que l'union soit ? À Dieu de lire dans le sien.

Refusant de s'asseoir pour reprendre son souffle, il se distrait en épiant le fourré au cas ou un petit animal surgirait. Il en tire une joie innocente, d'avance.

C'est le bruit délicat des sabots qui le suivent qui vient le surprendre par derrière. Il avait bien entendu un drôle de petit sifflement, mais n'y avait pas prêté attention, et voilà qu'il a à peine le temps de se tourner qu'il se trouve presque nez à nez avec un joli petit faon.

L'animal s'arrête, redresse sa belle tête brune, semble le renifler ou attendre quelque chose de lui. Le

71

Père se met à rire de bon coeur et s'adresse à l'animal comme si celui-ci pouvait comprendre.

— Salut à toi, ami chevreuil. Je crois que tu veux ma pomme, hein ?

Sur ces entrefaites, il sort de son sac de jute la pomme séchée et la tend à bout de bras. Le faon la saisit, recule un peu puis disparaît dans le fourré comme il est venu. Le Père rigole un bon coup, lui criant :

— En voilà des manières, tu pourrais dire merci, quand même !

Cette arrivée inopinée lui cause une très grande joie, comme un enfant, il se sent comblé. Le Seigneur a-t-il voulu par ce jeune animal lui signifier qu'Il l'entendait et qu'Il voulait le réconforter ? Dans sa foi, il le croit et rebrousse chemin, rasséréné. Son temps de pénitence est terminé. Lorsqu'il revient, à la fin de la journée, au monastère, il ira chanter les louanges du Seigneur et lui rendra grâces comme il ne l'a pas fait depuis fort longtemps. « On s'encrasse, Seigneur, on s'encrasse avec le temps. La routine, Seigneur, ça tue bien des choses . Demain, je lirai encore, pour elle, pour lui, pour Toi. Malgré mon déplaisir. »

Le lendemain, Dom Pière reprend sa lecture, rasséréné.

Nous voilà installés dans notre appartement, à Montréal, face au port. Les odeurs de toutes sortes qui m'arrivent me font rêver et me donnent envie de partir. Dans ma tête un refrain tourne sans répit, dès que je vois et entends un navire accoster ou s'appareiller pour quitter le mouillage.

Charles Aznavour reprend sa chanson de partance : « Emmène-moi au bout de la terre, emmène-moi au pays des merveilles, il me semble que la misère paraît moins pénible au soleil. »

Adrien, mon Don Quichotte, est heureux, comblé. Il va et revient, sûr de lui, de son charme, de moi et de ses affaires qui marchent rondement. À vrai dire, il n'est pas souvent là. C'est durant les repas et les soirées qu'on brasse, paraît-il, et selon mon cher époux, les meilleures affaires et qu'elles tournent à notre avantage.

Je m'ennuie. Je pleure souvent et j'ai envie d'avoir des bébés. Mais, j'ai aussi un sentiment très négatif à ce sujet qui me broie les entrailles aussitôt que je tourne mon regard intérieur vers mes vrais désirs. Car, avoir des enfants pour perpétuer la famille, très peu pour moi. Mon fort esprit d'indépendance se rebelle juste à l'idée de faire la maman pour le plaisir des beaux-parents. Ma mémoire revient, malgré moi, vers le passé. Je me revois, en larmes, près du lit de maman, effrayée de ne pas comprendre pourquoi Dieu était venu chercher celle que j'aimais le plus au monde. S'il fallait que je subisse le même destin... Moi, je ne voulais pas mourir, jamais. Et, surtout, je ne voulais pas que Dieu m'aime à ce point...

Puis, il y a eu cette croix lumineuse apparue mystérieusement et ces autres expériences précédentes qui me torturent me donnant peur de moi-même. Aussi bouleversée intérieurement, puis-je seulement penser à fonder une famille ?

*

Totalement ignorante en matière occulte ou parapsychologique, je n'arrive pas à me dégager de courants négatifs qui semblent vouloir m'entraîner au fond du désespoir et tous ces sombres pressentiments qui m'assaillent ne viennent qu'ajouter à mon désarroi profond.

Durant cet été 1966, la tristesse qui m'accable m'inquiète et je tente de me défaire maladroitement de sa gangue noire. Je m'interroge, je lis, je peins, j'essaie de parler à mes voisines de palier... rien ne change. J'ai la lourde impression que c'est le contraire qui m'arrive ; je m'enfonce davantage.

Je ne veux rien avouer à Adrien qui flotte toujours sur ses nuages roses. Comment dire à son mari : « Chéri, je crois être folle » ou encore : « je crains qu'on me possède, mais je ne sais qui » à moins d'être débile...

Il sera totalement éberlué et me craindra ; ou pire, me rejettera, dégoûté.

Peut-être devrais-je aller chercher un travail, mais lequel ? Je ne sais pas faire grand-chose. Depuis que je suis mariée à Adrien, j'étudie et j'essaie de prier. Mais prier qui ? Maman ! Je n'avais pas songé que je pouvais avoir recours à elle. Dans mes ténèbres, maintenant, c'est comme si une petite bougie s'allumait et que je pouvais reprendre confiance. Sûre qu'elle m'aime encore, qu'elle ne peut m'avoir oubliée, je commence à lui porter une grande dévotion. « Demande à Dieu qu'Il ait pitié de moi et qu'Il m'aide. Maman, j'ai besoin de revitaliser mon moi. C'est impérieux, je me sens perdue ! » Je répète ma litanie et je reprends tout doucement une bienfaisante autonomie. Comme je me sens impure, à cause de ma vie secrète, je n'ose m'adresser à Dieu moi-même. J'ai si peur que ce soit Satan qui se serve de moi. Ce prêtre, là-bas, ne l'a-t-il pas prétendu...

Puis, un soir que je suis encore seule...

J'entends qu'on frappe violemment à ma porte. Je cours ouvrir, inquiète. C'est une nouvelle voisine, fort en colère et qui entre sans se faire inviter. Je reste éberluée, nous ne nous connaissons pas du tout.

Elle se met à m'invectiver, sans reprendre son souffle. Évidemment qu'elle se trompe de personne, mais elle me donne une frousse terrible.

— Espèce d'hypocrite !

— Quoi ? Je me change en statue de sel, affolée.

Elle continue néanmoins, trop en état de choc pour m'écouter ou s'arrêter de hurler.

— Vous fréquentez le docteur, pendant que votre pauvre mari se « désâme » pour gagner votre vie, vous devriez avoir honte !

Je m'efforce de réagir, avant qu'elle ne me morde.

— Vous vous trompez, je ne mets quasiment pas le nez dehors et personne ne vient me voir...

Voyant qu'elle avance sur moi et croyant qu'elle veut me frapper, je pirouette sur moi-même, ouvrant la porte toute grande, l'invitant à la franchir. Au même moment, passe une autre voisine, et la mégère s'en va, non sans regimber.

— J'vais revenir quand votre mari sera là, on verra bien qui remportera vous ou moi.

Sur cette menace, elle regagne son propre logis, tout en continuant de râler. Je tremble, me demandant ce que j'ai pu faire à cette dame pour qu'elle soit aussi hargneuse.

Lorsque Adrien revient, je n'ai pas le temps de lui en toucher un mot, qu'on sonne à la porte.

— C'est elle ! Va, toi. Moi, elle me terrorise. Ses yeux ! Tu regarderas ses yeux. Ils sont comme deux pointes de feu embrasées. J'exagère à peine.

C'est bien d'elle qu'il s'agit. Adrien, galant, l'invite à s'asseoir, elle foudroie la politesse de mon mari par son attitude belliqueuse.

— Devriez surveiller votre femme. Elle couraille, la démone !

Adrien éclate de rire. Elle se déchaîne, rouge sous l'affront.

— Je sais qui. Vous voulez savoir ?

Adrien pouffe davantage.

— Dites toujours...

— Le docteur du CLSC.

— Vous êtes ridicule. Fichez le camp, ou je vais vous foutre à la porte.

Il était temps qu'Adrien se fâche, je n'en pouvais plus. Cette créature empestait l'alcool. Même à jeun, je remarquai les jours suivants, qu'elle me regardait avec animosité, comme si elle voulait vraiment me détruire. Pourquoi ?

Je saurai plus tard qu'un médium capte, lorsqu'il n'est pas averti, également des choses négatives. Voulait-elle détruire inconsciemment notre vie ? En tout cas, elle essayait.

Adrien me propose de déménager. Lui non plus ne s'explique pas l'attitude hostile de cette voisine. Il blague, pour me détendre.

— D'ailleurs, tu regardes tous ces bateaux comme si le havre t'appelait tel un vieux loup de mer. Nous allons demeurer dans un quartier différent. Puis, ce sera bon pour mes affaires.

Aussitôt dit, aussitôt fait. Deux semaines plus tard, nous étions installés à Ville Saint-Laurent. Heureusement que mon prévoyant de mari n'avait pas signé de bail au premier logis...

Nous sommes encore dans un immense immeuble qui abrite au moins une trentaine d'appartements. Un autre fait très bizarre se produit qui est nouveau et plutôt terrifiant. En présence de certaines personnes, j'éprouve des pensées qui ne sont pas miennes et dès qu'elles s'éloignent, ces pensées disparaissent. J'en fais l'expérience à plusieurs reprises avant de pouvoir établir une concordance au niveau de la pensée avec la promiscuité de ces gens et leur éloignement. Cela m'attriste, car ces pensées s'avèrent très sombres, souvent monstrueuses. Je m'interroge anxieusement et je cherche ardemment quelqu'un pouvant m'aider à résoudre cette noire énigme : pourquoi ne capter que les pensées négatives et non leur contraire ? Sont-elles plus faciles, plus nombreuses ? Plus au ras de la terre ?

Plusieurs semaines passent avant que je puisse réagir sainement, et tirer une conclusion, grâce à deux bons samaritains, rencontrés par « hasard. »

Entre-temps, je lis, je peins et fréquente assidûment les classes du Cegep où je me suis inscrite, sur les conseils avisés de professionnels de la santé consultés sur mes étranges états d'âme.

*

C'était un soir comme les autres pourtant, je ne m'attendais nullement à ce qui allait m'arriver. Ce sont deux bons copains de mon mari, aussi dans les affaires et que nous recevons à souper, qui vont m'apporter la lumière. Adrien ne tarissait pas d'éloges à leur endroit.

Secrète et farouche d'habitude, ce soir-là, je suis au contraire ouverte, me prêtant aux confidences avec ces deux inconnus. À un moment donné, un déclic se fait et ce n'est que plus tard, durant la soirée, que les explications les plus plausibles, d'une beauté exceptionnelle, m'arrivent par surcroît. Comme si on avait tout organisé fortuitement, dans mon dos.

Ils m'écoutent attentivement tous trois, même Adrien qui, une fois les affaires classées, semble suspendu à mes lèvres. Mise en confiance par leur attitude généreuse, je ne cache rien de tout ce qui me fait souffrir intérieurement, depuis si longtemps. Quand Adrien veut m'interrompre, un moment donné, ils lui imposent le silence, me donnant toute la latitude pour exposer totalement mon fardeau intime.

Ils m'encouragent en me faisant partager leur secret, lorsque l'émotion me coupe la voix.

C'est ainsi que j'apprends qu'ils ont jadis été tous deux prêtres et qu'ils ont quitté la prêtrise, non par manque de foi, mais par amour pour épouser des femmes extraordinaires.

L'un d'eux, finalement, lorsque j'ai terminé ma « confession » épuisée, m'apporte la grâce de la compréhension. Gentiment, posément, il me fournit la lumière qui m'aidera à poursuivre ma route, dorénavant, en apprenant la confiance en soi.

— Chère petite madame, je comprends le drame intérieur que vous portez et qui est devenu un enfer depuis votre petite enfance. Je compatis beaucoup avec vous. Personne ne vous a donc éclairée sur vous-même ? Comme les gens sont ignorants ! Vous êtes une personne très sensitive et médium, il n'y a nulle autre raison pour connaître tous ces phénomènes paranormaux. Croyez-moi. De plus, je vous devine très proche de Dieu. Ce sont les personnes sensibles qui sont généralement les plus près de la divinité, souffrant davantage que la majorité, endormie. Vos expériences sont du type médiumnique, rien de bien sorcier. Cessez de vous tourmenter et apprenez à vous estimer.

L'autre, qui écoute attentivement son confrère, renchérit à son tour.

— Nous n'aurions pas pu vous dire cela, avant. Maintenant, nous sommes dans le monde et rien ne nous empêche de dire « certaines choses ». Surtout, lorsqu'elles libèrent et accomplissent de véritables miracles. Au fond, c'est cela que nous demande le Christ. Mais nous, « religieux », dans notre rigidité, nous compliquons tout en enlevant le sel des mystiques et en censurant les audaces de l'Esprit-Saint dans le coeur des âmes.

Émue et sagement assise dans un fauteuil, j'écoute, je bois ces paroles, ayant la douce impression que mon coeur se dilate et qu'enfin le bonheur peut venir à moi...

Inconnus hier, ces deux hommes venaient de m'apporter le sacrement le plus précieux qui soit : la liberté de penser et d'être, sans me sentir rejetée de Dieu, au contraire. En les écoutant poursuivre, je crois rêver.

— Dieu vous aime beaucoup, autrement il ne vous aurait pas gratifiée d'un poids aussi lourd et Il vous assiste aussi assurément depuis votre petite enfance. C'est la peur qui vous a empêchée de prendre connaissance de vos facultés ainsi que l'ignorance dans laquelle vous avez été laissée par tous vos proches qui, eux, ont agi aussi par méconnaissance et par manque de bonté. Il est certes plus facile d'étiqueter en taxant de folie ou de mauvais ce qu'on ne connaît pas qu'en cherchant soi-même et en aidant l'autre à se découvrir. C'est cela qui est le bien et non l'autre attitude qui est péché contre l'amour.

Puis, la soirée s'étire et ils m'enseignent à découvrir qui est vraiment le Christ. Ils me le font voir descendu de sa croix. Vivant et agissant au milieu de nous, ressuscité et victorieux, rempli de miséricorde et de compassion pour toute l'humanité souffrante. Un ami, un frère, un sauveur... Je continue à goûter le pur émerveillement. Car, au plus profond de moi-même, quelque chose de très doux et de très puissant me confirme qu'ils me donnent la parole de Vie, Celle qui s'est fait chair et qui habite parmi nous... Tout en restant mystérieux, je saisissais qu'il n'y a plus de mystère puisque le Christ est éternellement présent sur la terre. N'était-ce pas ce que je désirais par-dessus tout, dans mon inconscience ? Pour ma profonde sécurité affective...

On dit que la nature a horreur du vide. Tous, nous faisons partie de cette nature et tous nous avons le vide en horreur. C'est lorsque notre coeur est rempli que nous sommes dans un état de bonheur.

Or, j'appellerai dorénavant le Christ a venir en moi. Il sera le plus beau gage de ma foi en la vie pour toujours et de ma propre résurrection.

C'était un concept à la fois naïf et très complexe, également très hardi, appelant au dépassement du moi, de l'ego. Un aller sans retour vers le soi ; l'âme... Un défi exaltant à relever... J'y obtempère avec gratitude.

Sauf que cela demeure abstrait. Ces paroles sont belles, puissantes, mais dans le sens pratique, au jour le jour, elles ne font pas de miracle. Je sais que je devrai me faire violence pour y croire à chaque fois qu'un élément médiumnique ou une quelconque autre expérience, sans bon sens, viendra m'assaillir. J'ai besoin d'aide !

À partir de ce soir-là, le doute destructeur et obsédant de la folie ou de la possession diabolique me concernant s'estompe. Je devais le début de mon salut à la rencontre sur ma route de ces deux bons samaritains.

Je ne porterai plus jamais cette image négative de moi-même ; elle s'atténuera pour disparaître progressivement, puis complètement dans une autre expérience paroxystique extraordinaire à venir.

Le soutien, vers lequel je tends tout mon être, me viendra, mais jamais je n'aurais pu imaginer comment... Non, jamais !

Quelque temps plus tard, un midi, je découvre dans le pot de mon oranger nain un curieux champignon. Adrien est à la maison, heureusement. Je l'invite à venir voir. Il reste le témoin, comme choisi et privilégié, de chacune de mes expériences médiumniques...

— Regarde, comme c'est étrange. Depuis tout ce temps que cet arbuste est avec nous, jamais il n'a eu le moindre champignon et encore moins un aussi sinistre que celui-ci.

Adrien s'approche, curieux. Il se penche pour mieux constater et avoue que c'est en effet curieux.

— Ça donne des frissons. Une vraie tête de mort.

— En moi, une idée folle fait jour immédiatement. Je n'ai pas le temps de la partager avec Adrien que le téléphone sonne.

Je lui crie :

— Ne réponds pas. Je suis certaine que c'est à propos de Tia. Elle va mourir !

Alors qu'il décroche le combiné, j'éclate en sanglots. Adrien est consterné. Impuissante, je l'entends répéter : « Je vais le dire à Marie, tout de suite. »

— Tu as raison. C'est Rosalie. Tia est à l'hôpital, en train d'agoniser. On l'a fait transporter ce matin. Elle s'est sentie mal tout d'un coup et a perdu conscience aussitôt après.

Je pleure comme je n'ai pas pleuré depuis bien longtemps. J'ai l'impression de perdre maman une seconde fois. Sans Tia, comment vais-je faire pour vivre ?

Dans l'avion qui me ramène vers ma Côte Nord bien-aimée, je revois nos années d'enfance et nos jeux puérils. Je repense à tous nos bavardages, à tous ses sages conseils qu'elle me prodiguait sans cesse et je me souviens de chaque mot de la conversation si profonde, si peu conventionnelle que nous avons eue au mois d'août dernier, lorsque je l'ai vue. Nous avons parlé du Ciel et de ce que nous espérions y trouver lorsque l'une de nous deux partira, « laquelle » nous sommes-nous dites ?

Ma Tia, avec un sens de l'humour extraordinaire, m'a alors déclarée :

— Si c'est moi qui m'en vais la première, je viendrai te dire si c'est aussi beau que tu l'as dit lorsque tu t'es faite opérer pour les amygdales.

— Tu feras ça comment ?

Je ris de sa suffisance et de son aplomb.

— Toi, la peureuse ! Je viendrai te chatouiller la plante des pieds jusqu'à ce que tu comprennes que je suis avec toi.

— Tia ! Ne fais jamais cela. Je mourrai de peur.

— Mais non ! Tu ne comprendras pas tout de suite que c'est moi et tu chercheras, comme d'habitude, des explications logiques, rationnelles et physiques à ton malaise.

Avait-elle un pressentiment ? Savait-elle qu'elle s'en irait bientôt ? Probablement.

Tout un après-midi à dialoguer sur le Ciel, Dieu, les Saints, la mort. Elle voulait que nous abordions ces sujets, je l'ai fait. Pour lui faire plaisir. J'en étais sortie aussi fatiguée que si j'avais marché des kilomètres en montagne, des heures durant. Maintenant qu'elle s'en allait, je voulais que l'avion franchisse l'énorme distance en un temps record pour être près d'elle, pour lui dire : « Bonjour ma Tia, au revoir... »

Elle m'attendait.

Dans le coma, respirant par un moniteur, des tubes dans le nez, dans la bouche, branchée sur des machines, ma toute petite Tia ressemblait à un oisillon déplumé, ainsi couchée dans un lit froid d'hôpital.

Retenant à grand-peine mes sanglots, j'ai caressé son bras et lui ai dit comme je l'aime et l'aimerai toujours et l'ai embrassée délicatement pour ne pas lui faire mal davantage. J'ai alors vu la prunelle de ses yeux se tourner vers moi et elle a expiré tout doucement. Elle m'attendait pour partir vers le « beau voyage ».

J'ai besoin d'écrire ces mots, ce sont eux qui me guérissent et me font accepter l'inévitable, malgré la torture qu'ils infligent à mon coeur blessé.

Les années suivantes, comme celles qui viennent de s'écouler, seront des années charnières. Ce seront celles où j'étudierai encore plus intensément, celles où je chercherai encore plus profondément Dieu et celles où je passerai enfin de l'enfance à la maturité, grâce à tous ces nobles esprits que je côtoierai dans les livres et à l'université et qui me feront apprendre que la vie n'est qu'une étape vers plus beau, plus haut et un avenir éternel, grandiose. À condition de travailler à se connaître, de travailler à grandir et de travailler à s'ouvrir à la Connaissance en respectant Dieu, soi-même et l'autre...

Bref, si je ne vois plus l'Être suprême avec les yeux de la terreur, Il reste loin de moi. Mais, je suis toujours mal à l'aise dans le rôle de médium. Je ne vois pas ce que peuvent m'apporter ces expériences que je vis, malgré moi, comme si mon être avait été forgé avec un membre de plus que tous mes proches. Je n'ai jamais été douée pour me complaire dans les mystères et comme personne ne pouvait rien m'expliquer, alors Adrien suppléa à cette lacune en se mettant à lire sur le sujet, conseillé par ses amis défroqués. Il m'encourage fortement à l'imiter.

— Tu devrais t'intéresser aussi, Marie. C'est toi, après tout, qui vis ces faits étranges, pas moi.

Je lui réplique aussitôt, nerveusement.

— Justement, il me suffit de les vivre. Si, en plus je dois lire tout ce qui concerne le sujet, j'aurai peur davantage, merci bien. Non, lis, toi, c'est mieux. Et, tu m'expliqueras au fur et à mesure, si cela me convient. Ce qui me gêne surtout, vois-tu, ce sont tous ces farfelus qui inventent ou plagient pour faire de l'argent. En plus de ces gens mauvais qui ne cherchent qu'à étendre leur pouvoir sur de pauvres errants naïfs. Ces sortes de personnes m'effraient autant que la médiumnité elle-même, sinon davantage. Ce genre littéraire pollue le monde...

Quant à moi, il me suffit de poursuivre mon éducation en toutes choses, la médiumnité étant le cadet de mes soucis.

Mes auteurs préférés sont devenus Lanza Del Vasto, les philosophes français Marcel Legault et Gustave Thibon, le psychologue Carl Jung ainsi que nombreux autres auteurs russes qui croisent ma route et m'enchantent par leur esprit brillant et la largesse de leur générosité en donnant au monde entier les fruits extraordinaires de leurs pensées et de leurs recherches constantes et désintéressées. Ils remplissent près de moi le rôle de père et de maître, mon esprit ayant cessé de tourner dans le vide.

Puis, il me faut l'avouer, je me cache en eux, tentant de déjouer ma propre destinée, pensant candidement que si j'oublie la médiumnité, elle m'oubliera aussi. Or, je dois reconnaître que je suis dans l'erreur la plus complète au sujet de cette hypothèse, mais admettre aussi que toutes ces études me rendent de mieux en mieux armée pour comprendre les mécanismes de la connaissance humaine et les effets boomerang. Pour une personne non avertie de la médiumnité, même si cela est par ricochet, c'est capital. Ces études palliant largement à ma totale ignorance métaphysique. C'est cela le nouveau trésor que j'enfouis au fond de mon âme et que personne ne peut désormais m'enlever. À mesure que j'en prends conscience, autant je reprends confiance en mes possibilités et vois l'avenir plus prometteur.

Adrien, témoin de tout cet énorme travail que je m'impose, n'en continue pas moins, malgré son temps chargé, à me pousser à acquérir mes ailes.

— Tu as tant de talents, toi, que tu n'auras pas assez d'une vie pour les découvrir et les exploiter, me dit-il souvent à la blague quand il me voit fatiguée et soucieuse.

C'est alors que je lui souris et lui souhaite laconique, « bon voyage, chéri », car il repart encore. Ses nombreuses affaires maintenant se brassent surtout au Mexique et en Amérique du sud et comme il n'est pleinement heureux que lorsqu'il décroche de nouveaux contrats, il doit avoir le champ libre. Je ne veux pas être un fardeau.

Prévoyant, il supervise, malgré les distances, ma vie à Montréal. Il m'exaspère.

— Écris tout, chérie. Tu me raconteras en détail, lorsque je reviendrai. Puis, je te téléphonerai souvent. Ne te laisse pas envahir par la peur si tu vis quelque chose de spécial.

Sur ses tendres paroles, il s'éclipse une fois de plus, me laissant le coeur lourd. Je n'ai que lui sur la terre et il le sait trop bien. J'ai consulté des médecins, subi des opérations délicates et souffrantes pour avoir des enfants, j'ai désiré aussi nous faire une famille. Hélas, mes efforts ont été autant d'échecs. C'est en psychologie qu'on a mis un point final à mon épuisante course, quelques temps plus tard.

— Vous devez accepter, madame, le sort qui vous a fait devenir stérile. Vos organes sont restés ceux d'une enfant et votre subconscient n'acceptera jamais de voir la maternité comme un épanouissement féminin, vous avez été trop traumatisée par le drame de votre propre mère. Tout ceci se passe dans le domaine de l'inconscient et malgré que maintenant vous le conscientisez, vous ne pourrez rien changer à la programmation qui s'est faite en vous. Vous êtes devenue ce que votre corps a programmé : la stérilité physiologique

Puis, il ajouta quelque chose qui, sur le coup, ne m'éclaira pas mais que je n'ai compris qu'après. J'ai saisi que ma vérité s'y trouvait comme imbriquée, comme allant de soi.

— C'est dans des gens tels que vous que la vie psychique prend des proportions autres que chez celle du commun des mortels. Ce qui est peut-être votre cas...

Je détenais dorénavant un nouveau morceau de mon puzzle pour prendre en main ma propre destinée. Ce nouvel atout faisait qu'imperceptiblement, je changeais, je commençais à apprendre à m'aimer...

Dans ma vie, s'ajoute un élément non négligeable, très positif qui me rend la vie beaucoup plus agréable : Montréal ne me fait plus peur. La métropole m'a apprivoisée et maintenant je vais et viens à ma guise, sans crainte de me perdre ou de me faire assassiner.

Si auparavant ses bruits, ses épaisses fumées, sa pollution, ses énormes buildings, son métro et ses foules bigarrées m'infligeaient des tortures mentales juste à les voir, maintenant, tout est devenu partie intégrante de moi et je me mêle à sa vie avec hardiesse.

En plus de mes études, je fais activement du bénévolat et je donne à ma personnalité toute la latitude pour s'enrichir au contact de gens moins chanceux, mais combien riches intérieurement. Ils sont tous devenus mon monde, les gens de ma nouvelle famille, de ma deuxième patrie. J'ai besoin d'eux...

Comble du bonheur : nous déménagerons bientôt, cette fois définitivement, dans notre maison. Adrien me l'a promise.

Seconde partie

Sur la montagne, en cette fin d'octobre, les nuits sont très froides et la Gaspésie n'échappe pas aux vents du nord qui viennent décapiter les arbres et apporter la neige sitôt les grands froids arrivés dans le golfe. La douce tiédeur d'hier s'en est allée définitivement.

Joseph, ce matin, mène son troupeau de chèvres brouter l'herbe qui se fait de plus en plus rare, juste pour le plaisir de les voir batifoler comme de jeunes adolescentes un peu légères et s'arc-bouter, follettes, dans le pré les unes contre les autres pour mieux déguerpir ensuite.

En folâtrant ainsi et en faisant des cabrioles relevant parfois d'un tour d'adresse surprenant, ces jeunes bêtes amusent Joseph qui finit par oublier le temps qui passe et la brunante qui viendra rapidement. On avait changé d'heure, il ne voulait pas oublier les Vêpres à dix-sept heures précises. Il ne lui fallait pas déplaire au Père, surtout ces temps-ci.

Après des heures de ces innocents jeux, il hèle le troupeau, et compte scrupuleusement son nombre.

Voici plus d'un mois qu'il les a en charge et malgré qu'il ne se sente aucunement préparé à ce genre de travail, il a appris à les aimer et à les respecter. Elles donnent un lait abondant et sain et le fromage que les moines fabriquent est aussi d'une qualité exceptionnelle. Le Père supérieur le reconnaît lui-même, lui qui est un fin connaisseur dans le domaine. En France, voilà longtemps qu'on fait le fromage de chèvre et que les gens en redemandent. Ici, on mettra le temps à se faire une bonne clientèle. On est confiant. Le produit se frayera un chemin par lui-même à cause de sa finesse et de sa haute valeur nutritive. Les produits monastiques sont à la mode...

En dévalant la colline, à la suite de ses bêtes, Joseph ne peut s'empêcher de songer au cahier de Marie. Il ne voit plus Dom Pière dans le jardin, il fait trop souvent vilain temps. Puis, ignorant s'il lit toujours, Joseph voudrait bien savoir ce qu'en pense son supérieur. Il ronge son frein, ne voulant plus indisposer ce dernier par ses impulsivités intempestives qui sont certes en partie responsables de son nouvel emploi du temps. En attendant, il prie de tout son coeur voulant trouver en toutes choses la Volonté de Dieu à qui il a consacré sa vie totalement et librement.

Dans un quart d'heure, il sera à la porte de l'étable où sont logées confortablement les chèvres et leurs progénitures. Il songe que cette nuit la Dolly chevrettera et qu'il ne veut pas manquer le spectacle. Hector, qui a été de garde jusqu'à maintenant, est un habitué de la mise bas des chevrettes. D'habitude, c'est lui également qui est chevrier. Aujourd'hui, Joseph avait envie de la montagne et Hector lui a cédé la place. Tiens, justement le voici qui vient. Joseph éclate de rire.

— Tu t'ennuyais de tes bêtes, dis Hector ?

92

— Ça se pourrait, répond l'autre, riant aussi à belles dents. Le jeune homme a le même âge que Joseph, mais c'est un solitaire qui écrit de la musique religieuse et soigne ses bêtes avec grande affection. Plus petit, trapu, blond aux yeux noirs en amande, Joseph le taquine souvent sur ses origines amérindiennes.

— Un blond chez les Indiens, non, mais ça se peut ?

L'autre sourit, mais ne réplique pas. Sa bonté, légendaire dans le monastère, est telle que personne ici ne l'a jamais vu se fâcher ou s'emporter, ne serait-ce qu'une seconde. Il a déjà une réputation de sainteté. Chacun le pense, personne ne le dit.

Maintenant, les étoiles, l'une après l'autre, saluent d'une révérence la terre, tandis qu'une nappe d'encre déroule entre chacune un tapis de velours infiniment grand pour mieux faire valoir l'éclatante lumière des luminaires célestes.

Près l'un de l'autre les deux jeunes hommes marchent derrière leurs bêtes, attentifs au moindre écart de l'une d'elles. Quand soudain, c'est Joseph qui, le premier, aperçoit quelque chose d'étrange dans le ciel, il pousse Hector du coude.

— Hé ! Regarde là-haut ! Vois-tu quelque chose de curieux, juste un peu à notre droite ?

Hector lève les yeux, s'arrête. Il décrit.

— On dirait une énorme boule d'or. Elle est immobile. Assez loin quand même. Mais, viens, ne nous occupons pas de cela, nous serons en retard pour les Vêpres. Il y a sûrement une explication raisonnable à ceci. Ce n'est pas de notre ressort.

Joseph est arrêté. Il fixe le ciel, intéressé.

— Va, toi, moi je continue à regarder.

Contrarié, Hector soupire, soupèse les consé-
quences, puis s'immobilise aussi, ne voulant pas laisser
son compagnon seul. On lui a toujours appris qu'il valait
mieux être prudent que pas assez.

— Je reste avec toi, mais quelques minutes seulement. On regarde un peu, puis on rentre.

— Ouais ! grommelle Joseph toujours captivé par
l'objet qui n'a pas bougé.

Quand, tout à coup, l'énorme boule se met à descendre en vrille comme si elle pirouettait ou dansait et,
plus elle descend plus son tournoiement s'accentue en
exécutant des zigzags incroyables et impossibles.

— C'est fou ! murmure Hector. Mais on dirait
que cette chose-là est intelligente et qu'elle veut nous
épater ou je ne sais...

— Ouais ! répète Joseph toujours sous le charme.
Incroyable ! On dirait un mastodonte qui se déplace gra-
cieusement. Vois, « ça » s'arrête maintenant.

Ensemble, ils ont crié d'horreur, croyant que la
chose tomberait sur eux. Mais non, figée comme accro-
chée, elle reste quelques secondes immobile, secondes
qui leur paraissent une éternité tellement ils sont impres-
sionnés.

— Mais, qu'est-ce que c'est ?

Hector n'en revient pas. Jamais il n'aurait imaginé
que ce fût possible. Quant à Joseph, muet, il continue de
contempler, les yeux levés au firmament.

Lentement, la chose change de couleur, virant au blanc laiteux, mais elle garde sa forme ronde. Toujours immobile, quelques secondes...

Ensuite, subitement, sur un angle de 90 degrés, elle change sa trajectoire, filant tout droit à une vitesse phénoménale vers l'infinie noirceur. Les deux garçons ne quittent pas l'objet des yeux, jusqu'à la perdre de vue.

Éblouis, stupéfaits, ils se décident enfin à continuer leur route, interrogeant l'univers sur l'identité de cette chose si troublante. Les chèvres durant tout ce temps, quelques minutes à peine, n'ont pas bougé. Elles sont demeurées silencieuses et immobiles, attendant le bon vouloir de leurs maîtres.

Pas un mot n'est échangé quand, soudain, juste à leur gauche et à leur hauteur, dans la profondeur de la nuit, un tout petit disque blanc apparaît. Il vient vers eux, passant tranquillement devant leur yeux estomaqués. Un peu plus et il leur aurait touché. Puis, il va se perdre à leur droite, dans la noirceur, traversant l'espace en ligne droite, comme une chose téléguidée.

Leur étonnement est à son comble, les deux hommes s'immobilisent une seconde fois.

— Mais, voyons ! Cela n'a aucun sens ce qui nous arrive, s'écrie Hector. Nous sommes devenus fous ? Tu as vu aussi ? Cela ressemblait à une hostie volante. Nous sommes devenus hystériques ou quoi ?

Bardé de sang-froid, Joseph le rassure.

— Mais non, nous ne sommes pas cinglés. Il se passe quelque chose que nous ne pouvons identifier, mais c'est bien réel. Sauf qu'on ne sait de quoi il s'agit. Quelque chose de mystique, peut-être... Ce que les psychiatres nomment un délire mystique collectif, à deux !

Ensemble, ils éclatent de rire. La joie les inonde. Sereins, ils marchent maintenant en chantant des psaumes et en louant Dieu, car cette expérience leur apporte, même s'ils ne savent pourquoi et comment, une élévation d'esprit certaine.

Le coeur rempli d'actions de grâces et leur foi décuplée, ils continuent de marcher comme s'ils avaient des ailes et étaient devenus en quelque sorte des anges.

Si quelqu'un les avait rencontrés en ces lieux aussi radieux et heureux, nul doute qu'il les aurait accusés d'être remplis d'alcool ou de drogue. Or la joie qui les inonde vient de quelque part qu'ils ne connaissent pas mais qu'ils imaginent dans leurs rêves les plus insensés, leur apportant en plus un effet exaltant et bénéfique.

Ils ont à présent très hâte de raconter leur aventure extraordinaire à toute la communauté. Mais d'abord, au Père Supérieur. Lui verra s'il y a lieu d'en faire part au groupe. C'est la Règle et ils s'y soumettront, obéissants.

Pas une minute ils n'ont pensé qu'il était possible qu'on ne les croie pas et qu'on mette au pilori leur bonne foi ou leur équilibre mental.

Si Joseph a entretenu ce doute une fraction de seconde quant à lui, le Père le trouvant souvent trop passionné, il s'est vite senti rassuré par la présence de Hector qui, lui, bénéficie d'une réputation cartésienne à toute épreuve. Pour l'instant, ils sont encore tout à leur joie et rien ne peut les faire changer de comportement : ils fêtent la Gloire de Dieu en toute liberté d'être.

Immédiatement après les Vêpres, le Père les reçoit et les fait entrer dans son bureau leur signifiant de s'asseoir. Toujours aussi cérémonieux, trop au dire de Joseph qui, ne s'embarrassant pas de préambule, raconte tout de go ce qu'ils ont vu en rentrant de leur journée de travail. Silencieux, leur supérieur les écoute attentivement, car Hector a repris le même discours sans en changer un seul mot. À bout d'arguments, et fiers de leur aventure, ils attendent que le Père leur explique ou les bénisse, car ils sont à présent absolument certains que Dieu leur a fait signe, ce soir. Or, leur surprise n'est pas feinte, la réponse qui fuse n'est pas celle qu'ils espéraient.

Dom Pière bouille de colère contenue, le visage rougi par l'émotion.

— Deux gamins ! De vrais gamins ! Vous n'allez pas me faire accroire que vous avez vu une soucoupe volante ou que comme ce bon vieux prophète Ézéchiel, vous avez eu des visions... Calmez-vous. Vous n'allez pas répéter cette histoire à dormir debout à vos frères, gardez-vous en, c'est une directive. N'oubliez pas que vous faites voeu d'obéir à vos supérieurs et que vous m'êtes entièrement soumis. Quant à votre prétendue apparition, il se pourrait qu'il y ait là un piège du malin pour vous faire succomber.

En choeur cette fois, ils s'exclament.

— Alors, il a manqué son but. Nous chantions Dieu de toutes nos forces.

Leur supérieur les interrompt sur le champ.

— Ce que j'avais à vous dire, je vous l'ai dit. Tenez-en compte et ne revenez plus me faire perdre mon temps pour des balivernes de la sorte. Je ne vous retiens pas. Vous me décevez beaucoup...

Joseph obtint de justesse la permission de passer la nuit près de Dolly à l'étable. Dom Pière lui jeta un regard sombre lorsqu'il quitta la pièce suivi du penaud Hector.

*

Après avoir longuement prié, Dom Pière se saisit du cahier noir. Il sait qu'il doit finir l'histoire de Marie, une promesse étant comme un serment qu'il lui faut tenir coûte que coûte.

Il sait aussi que Joseph brûle de curiosité à ce sujet. Il le laissera patienter, ce qui sera excellent pour l'épanouissement spirituel du jeune moine.

Il entre dans la vie de Marie, sans une pensée pour la mésaventure de ses deux jeunes moines, qu'il a banalement reçue et remisée pour une période illimitée. Pour l'heure, ce qui devait être sera fait. Malgré sa répugnance et son perpétuel inconfort devant autant de non-sens et de prétention de la part de cette Marie inconnue, aussi fragile qu'un roseau, secouée par le vent du désert. Enfin, Dieu voulait cet acte d'humilité de sa part ; il obéirait. « Quelle diablesse ! » ne peut-il s'empêcher de penser en son for intérieur. Aussitôt gêné de la tournure de son esprit, il se gourmande d'une telle pensée, en demande pardon immédiatement à Dieu et reprend sa lecture profane en soupirant bruyamment. « Puisqu'il le faut, allons-y Seigneur ! »

Aujourd'hui, treize du mois de février 1967. L'angoisse qui a surgi en force hier ne m'a pas quittée. Au contraire, elle s'est décuplée. J'ai très hâte qu'Adrien rentre, je suis inquiète, quelque chose de grave s'est passé. Il faut que je lui raconte.

Assise à l'indienne, les jambes repliées sous moi sur le divan du salon, je regarde distraitement le va-et-vient de la rue d'en face, en flattant Maya, ma petite chatte persane toute blanche ; j'attends mon amoureux. Sept ans que nous sommes ensemble ! Malgré les tempêtes de la vie, les absences prolongées d'Adrien, mes doutes et nos grandes divergences d'opinions, nous restons unis quand même.

Je regarde, sans la voir, la neige sale. Neige américaine chargée de silicone, neige arabe remplie de pétrole, neige noire encombrée de tous les péchés du monde. Dégoûtée, je détourne mes yeux, attendante.

J'anticipe son arrivée. Comme à l'accoutumée, il prendra rapidement une douche, se servira un double scotch et viendra s'asseoir en face de moi pour voir mon regard et m'écouter raconter l'invraisemblable, une fois de plus. Patient, intentionné et logique jusque dans sa moelle épinière.

Enfin ! Le voilà !

Tout se passe comme d'habitude. Cette fois, il s'assied près de moi, très décontracté, pull gris, jean délavé. La chaleur et la force mâle qui émanent de lui me rassurent et m'encouragent à tout dire. L'amour passe dans nos gestes, nos corps et nos coeurs... C'est notre force.

Il est anxieux, ses yeux le trahissent. La compassion amoureuse qui m'étreint me fait un instant douter de l'urgence de parler. Il le sait. D'un geste, d'un regard, il m'invite à tout dire, encore une fois...

J'ai tant besoin d'un interlocuteur aimant.

— Il y a quelques jours, j'étais devant la cuisinière à confectionner une sauce béchamel, sereine et tranquille ; je ne pensais à rien d'autre qu'à mon travail. Quand, soudain, j'ai vécu, comme si je m'y trouvais, un terrible accident d'auto. J'ai vu l'autre voiture, rouge. J'ai entendu un bruit épouvantable de tôle broyée et j'ai perdu connaissance. Lorsque j'ai repris conscience, j'ai vu ma sauce devenue marine. En outre, je me souviens que c'était l'été et qu'il faisait très chaud. Qu'est-ce que cela veut dire ? Je crains de devenir complètement folle, j'ai si peur ! Aide-moi !

Fortement émue, ma voix tremble, mais je reste tranquillement assise à flatter Maya, attendant qu'il me console, qu'il me renseigne ou qu'il appelle un psychiatre sur le champ.

Il se fait apaisant.

— Ne sois pas si alarmiste. Peut-être une certaine fatigue de l'esprit, tu travailles beaucoup. Arrête tes études et prends du bon temps. Tu verras tout rentrera dans l'ordre. Tu as toujours vécu ces faits étranges et tu n'es pas devenue folle pour autant. Pense à nos amis... Ne t'ont-ils pas confortée ? Allons, ma chérie, souviens-toi

100

de tout ce qu'ils t'ont dit, réfléchis et essaie de voir le côté positif de tout ceci. D'accord ? Tu promets ?

Il a sans doute raison. Mais, cela fait trop de coïncidences, de curieux hasards et de faits irrationnels pour que je tourne le dos, endormant encore dans mon subconscient toutes ces manifestations étranges.

Si, comme on le prétend, je suis médium, ce que je déteste, il doit bien y avoir une raison pour expliquer ces mystérieux avertissements. À quoi cela m'avance-t-il de savoir l'avenir, s'il est aussi dévastateur, si terrible ? Est-ce pour nous en prémunir ? Si oui, que faire ?

*

Quelques mois plus tard...

Nous sommes samedi, le mois de mai est arrivé et le temps est splendide. Nous nous sommes levés tôt, Adrien a des projets pour la journée. Quant à moi, depuis hier, une prémonition angoissante m'étreint dont je ne peux me défendre malgré toute ma volonté.

Comme si on me disait : « C'est aujourd'hui. »

— Vite, chérie, prépare-toi, nous filons vers les Laurentides !

Je fais vivement, me convainquant qu'après tout ce sont sans doute mes nerfs qui me jouent encore un vilain tour et le rejoins dans l'auto, ne pouvant m'empêcher de débiter d'une voix hachée, ce qui me trouble.

— Écoute-moi, Adrien. Je ne veux nullement chercher à t'impressionner ou te causer un quelconque désagrément, mais j'ai une très forte intuition qu'il ne faut aller nulle part aujourd'hui. C'est comme si un grave danger nous menaçait. Enfin, je le sens comme je te le dis. Je sais bien que c'est fou, mais...

Mon mari est un émotif à tendance colérique qui arrive généralement à se conduire comme le pragmatique qu'il veut être... Sauf, lorsque quelqu'un ou quelque chose lui résiste et qu'il sait avoir raison. Son sang tourne au vinaigre, ses gestes deviennent rageurs, et il s'apprête toujours à appeler son avocat pour divorcer de moi et du monde entier. J'appréhende ces tempêtes. Mais plus fort que cette crainte est l'avertissement dominant qui m'habite et qui me donne toutes les audaces.

— C'est impérieux ! Il nous faut revenir à la maison, lui ai-je soufflé, plutôt que dit à haute voix.

Là, c'est le bouquet ! Le trop-plein de son caractère bouillant déborde, j'ai dépassé les bornes, ayant sous-estimé l'orage déclenché à mon corps défendant.

Il se met à hurler, fulminant.

— Non ! J'en ai assez de tes lubies. Je vais où je dois aller. Je te dépose quelque part, tu prends un taxi et tu retournes seule. Compris ?

J'allume une cigarette et me tais. À quoi bon ? Moi-même, je me trouve extravagante, étrange et j'ai aussi très envie d'aller me balader dans le nord. J'ordonne donc à ma prémonition de me fiche la paix et je fume silencieusement, pour me faire oublier.

Le choc a été brutal et l'onde s'est répercutée durant un temps si long qu'elle m'a semblé durer une éternité.

Lorsque, finalement, j'ai retrouvé mes esprits, Adrien gisait près de moi, ensanglanté, et je ne pouvais rien faire pour lui venir en aide, il était coincé dans les débris de tôle. J'ai perdu la tête. Ne sachant plus mon

102

nom, ni ceux de mes proches ; j'étais devenue amnésique.

Ce qui s'est passé ensuite, on me l'a raconté, je ne me souviens de rien. La collision a été trop brutale. On m'a dit que des gars, qui étaient sous l'effet de l'alcool, coursaient et qu'ils n'avaient pas remarqué notre auto sur le haut d'une côte. À cet instant précis, Adrien s'était engagé sur un chemin de traverse pour rejoindre une autre route. On nous a heurtés violemment sur le côté, traînant notre véhicule sur plusieurs mètres.

L'ambulance, tous ces gens qui se sont arrêtés pour contempler le spectacle... Heureusement, quelques bons samaritains, un docteur qui, par hasard, passait par là... Le drame... L'horreur... La vie qui fuit... Qui hurle en dedans... À l'extérieur...

Ce n'est que beaucoup plus tard, à l'hôpital où Adrien repose durant cinq longs mois, que nous nous rappellerons ma prémonition. Je pleure. Je pleurerai beaucoup, car les regrets m'assaillent. Pourquoi n'ai-je pas tenu plus fort contre sa volonté ? Mais, s'il m'avait écoutée, jamais nous n'aurions pu voir la différence qu'il y a entre un caprice et un avertissement de l'autre côté... Est-ce là le prix de la vérité ? C'est payer trop cher !

J'ai le sentiment de lui porter malheur et à cause de notre échec, je veux divorcer. Je lui en fais part, quelques semaines plus tard. Il est atterré.

— Regarde-moi ! Je suis immobilisé dans un lit, incapable de mouvements et cependant je ne voudrais te perdre pour rien au monde. Plus tard, quand je serai sur pied, nous analyserons notre situation. Je t'aime et si tu m'aimes aussi, tout encore peut être possible.

J'acquiesce, mais mon coeur continue à s'interroger.

Avec mes études en psychologie, en philosophie, en sociologie et tous ces livres savants qui me plaisent tellement, comment peut-il y avoir une place pour l'illogisme, l'impalpable, l'irréalité, le non tangible ? Je continue de guerroyer contre moi-même. Ce dont précisément je voulais tellement me guérir et que je croyais injustement être de l'illusion.

Seule à la maison, je m'interroge sans répit. Bon, d'accord, je suis médium. Mais, peut-on traiter « ça » ? Existe-t-il un puissant médicament pour extirper cette particularité de soi ? Je sais que mes questions sont farfelues, mais je ne peux m'empêcher de les poser à la vie qui m'a donné ce cadeau suspect. Puis, je commence à croire qu'on naît avec ce sens en plus dans les gènes et qu'il faut s'y faire sans regimber, sinon on court à sa perte.

Ou bien que d'autres raisons mystérieuses existent. Mais, quelles sont-elles ?

Qu'en plus, on peut avec ce « don » faire beaucoup de bien ou hélas, un mal considérable.

Car les voix intérieures, les intuitions ou encore ces pensées étrangères ne viennent pas toutes du Ciel, ni des niveaux supérieurs des vibrations, ce serait simplifier à l'extrême et faire injure à la perfection divine. Il faut un solide discernement, un équilibre physique et mental à toute épreuve et un sens infus de la prière continuelle et intérieure pour trouver le vrai du faux dans ce labyrinthe.

En outre, condition sine qua non :**Aimer** puissamment, profondément autrui dans le respect absolu de sa liberté et non dans le but mercantile de le détrousser ou de l'asservir à sa volonté malade.

Mais, moi, avais-je assez aimé Adrien ? Étais-je responsable de cette terrible épreuve ?

Toutes ces idées m'arrivent après un long et patient travail intellectuel et spirituel. Je les note et les partage avec mon mari, qui a le temps de m'écouter, couché à l'hôpital.

De concert avec lui, nous convenons que je me suis trompée de chemin et qu'il me faut dorénavant accepter ma destinée profonde, accepter ma différence. Sinon, elle me détruira...

— Qu'as-tu à perdre, de philosopher Adrien ? Ta dilection pour les autres t'amènera peut-être à te dépasser et cette particularité pourrait t'aider...

Mais, comment ? Ma confiance en Dieu est mitigée. Tous ces souvenirs d'enfance qui me poursuivent m'ont apporté une personnalité morcelée, inquiète et nullement préparée à accepter un tel fardeau. Une journée, c'est oui, le lendemain, non. Mon prochain pour l'instant, c'est lui seul.

Adrien dépérit. Le temps à l'hôpital, qui s'allonge sans cesse, lui pèse terriblement et il ne mange quasiment pas, à cause d'une blessure interne à l'estomac. Par contre, il lit beaucoup de livres sur des faits particuliers. Un voisin de lit, qui nous a entendus pleurer, a voulu nous venir en aide. Il lui prête des bouquins traitant de sujets mystérieux. Adrien en fait à présent une véritable boulimie, convaincu qu'il pourra dorénavant m'aider. Il me raconte, m'explique. Il a trouvé un but sur son lit de douleurs.

105

Un soir, chagrinée et voulant tenter le tout pour le tout, je lui lance comme une boutade, à lui qui ne croit pas au corps de Jésus-Christ dans l'hostie.

— Demain matin, quand l'aumônier passera avec la communion, prends une hostie, mange, et fais ce que tu me conseilles : aie confiance. Essaie, tu n'as rien à perdre.

Ce soir-là, je m'en retourne satisfaite de moi. Comme si, pour la première fois de ma vie, j'avais osé être moi-même. J'étais passée de l'état de passive à celui d'agissante. Je détenais un pouvoir ou on voulait m'en donner un ? Étrange ! C'est dans ma faiblesse que je puisais pour trouver, cachée, une force inconnue de mon conscient. Une belle et bonne force qui souhaitait le bien.

Adrien sachant qu'il n'avait rien à perdre   fit exactement selon mon voeu : il communia.

Ce fut immédiat !

Après deux mois de régime strict aux oeufs, il recommence immédiatement à manger de tout. Mais, n'en continue pas moins à douter que Dieu peut avoir son mot à dire dans ce revirement de situation. On nous avait toujours appris que Dieu, après avoir créé l'univers, vivait tranquillement dans les Cieux et que nous n'avions qu'à nous débrouiller, comment croire qu'Il nous voulait encore du bien ?

*

L'automne suivant, Adrien revient à la maison. Très amaigri, malheureux de son immobilisme, il s'appuie sur ses affaires qui vont recommencer à tourner pour reprendre goût à la vie et qu'enfin tout revienne comme

106

avant. Il lit encore et nous philosophons beaucoup. Notre amour aussi se rétablit, il était temps !

Plusieurs mois se passent et nous projetons un voyage, cela nous fera sans doute beaucoup de bien, depuis le temps que nous n'avons pas rencontré des amis, on nous invite justement en province. Nous partons, sereins et confiants.

Ce soir-là, c'est aussi soudain qu'insolite.

Assis face à la fenêtre, avec nos amis, nous parlons tranquillement. Nous ne prenons pas d'alcool.

Nous sommes à Hauterive sur la Côte-Nord.

Tout à coup, nous voyons passer dans la grande fenêtre du salon, à l'embouchure du St-Laurent et de la rivière Manicouagan, un vaisseau gigantesque en forme de cigare. L'étrangeté de la chose nous laisse croire à un avion en feu, en train de s'écraser tout proche. Nous nous précipitons dehors. Rien. Aucun bruit. Tout est calme. Nous nous questionnons, excités.

— Mais, qu'avons-nous vu au juste ?

Nous ne savons pas. Mais, nous comparons notre expérience. Long, effilé. Tout autour du fuselage pulsait une lumière orangée, bleutée. À l'intérieur, brillait faiblement une lumière tamisée. La forme était très longue.

Le lendemain, tôt, nous allons aux nouvelles. Aucun avion ne s'est écrasé. Les tours de contrôle qu'Adrien contactent n'ont rien remarqué d'anormal. Nous resterons dans les hypothèses farfelues. Une soucoupe volante ?

Qu'avons-nous vu ? Mystère.

Selon des scientifiques, on dit que notre capacité de voir est de 10%. Or, 90% est invisible à notre vision. Pourquoi ? Qu'a voulu nous cacher le Créateur ? Ces fugitives apparitions sont-elles accidentelles et dues à un déblocage momentané d'une partie du 90% ? Bien malin qui peut répondre honnêtement à ces questions.

Sauf qu'une chose dans notre vie est nouvelle : nous lisons la Bible et nous continuons de chercher... Il y a beaucoup trop de choses inconnues dans notre vie, nous voulons tout savoir.

*

Une seconde anecdote nous fait croire qu'on ne nous laisse pas seuls et qu'on nous veut du bien.

Depuis notre accident, le dessous du pied me démange tout le temps. D'abord, je n'y prends pas garde, puis, avec le temps, les chatouillements s'intensifient et Adrien, un jour, s'aperçoit que j'ai un problème en me voyant me gratter férocement la plante du pied.

— Il y a longtemps que tu as ce désagrément ?

— Parle-m'en pas. Depuis des mois et je ne sais plus que faire. Si cela continue, je prends les grands moyens, je vais me faire opérer.

À mesure que je parle, je vois le visage de Tia devenir de plus en plus clair dans mon esprit, puis se mettre à rire. J'entends, toujours au même niveau, sa voix : « Hein ! je t'ai bien eue, cette fois ! Tu ne croyais pas cela possible, eh bien, ça l'est. » Adrien, lui, laisse une place à l'irrationnel, quand il s'agit de moi... Il tente de me convaincre.

— Elle avait fait une promesse, elle a tenu parole.

— Mais, pourquoi pas après son départ ? Voilà des lunes qu'elle est partie. Je ne peux croire...

108

— Tu n'avais pas besoin de son soutien avant.
Mais, après l'accident, tu m'as dit avoir souvent rêvé
d'elle. Elle voulait sans doute te faire comprendre qu'elle
était avec toi, dans ton drame.

Finalement, je reconnais bien là son sens de
l'humour.

Que d'événements me fallait-il encore pour que je
distille les yeux de mon âme ?

*

S'il existe une panacée pour se guérir de la maladie de trop se regarder le nombril, c'est bien celle d'aller
vers les autres et de s'oublier totalement. Une fois qu'on
a fait le travail de se connaître, il faut passer à l'action,
sinon c'est la neurasthénie ou le misonéisme qui s'installe
et qui devient impossible à déloger.

Mon « ange » l'avait expérimenté avant moi lui,
et me faire comprendre et accepter le fait devint sa mission spéciale pour diminuer mon ego. Lorsque je fus
mûre, les choses se placèrent d'elles-mêmes.

Cet hiver-là, mon bénévolat auprès des enfants
malades et ceux de l'enfance internationale me réservait
une surprise que je qualifierai de véritable cadeau du
Ciel.

Un matin, à l'hôpital où je suis attachée, la direc-
trice du Service social me fait demander d'urgence.

Le visage éclairé d'un large sourire, elle m'ouvre
les bras, m'invitant à m'asseoir.

— Vous avez besoin d'un appui, car j'ai une
cause spéciale à vous confier, si vous êtes d'accord ?
Bon, j'entre dans le vif du sujet et tout se réalise avant la

fin de la journée. Mais, primo, en parler avec votre mari. Elle sourit. Vous trouvez sans doute que j'ai l'air expéditive, vous allez comprendre pourquoi il y a urgence.

Il est temps, je piaffais d'impatience. Je réponds brièvement à son sourire, tout ouïe.

— Racontez-moi, je vous écoute attentivement.

— La semaine dernière il y a eu dans les Hautes Laurentides un terrible accident. Deux personnes sont décédées : les parents d'un bébé qui, lui, se trouvait sur le siège arrière, et qui a été épargné. Il a fallu les mâchoires de vie pour libérer les adultes de la carcasse et durant tout ce temps, le bébé a assisté au drame.

— Quel âge a ce bébé ?

— À peine six mois. C'est une petite fille. On nous l'a emmenée ici et nous l'avons mise sous surveillance médicale durant une semaine. Il s'avère qu'elle ne garde aucune séquelle physique de cet accident. Sauf, qu'elle n'arrête pas de pleurer et qu'elle refuse de manger. Alors, psychologiquement, c'est une autre histoire...

— Elle a de la famille ailleurs ? Les parents devaient avoir des amis...

— Il nous faudra contacter un pays étranger, cela prendra du temps. La petite est née ici, donc Canadienne. Vous voyez les difficultés que tout ça représente...

Nous nous sommes renseignés, vous pensez bien. Or, nous n'avons trouvé personne qui prendrait la petite qui a un très grand besoin de sécurité et d'affection.

Je commençais à discerner où cette dame voulait en venir et un espoir fou se levait en moi, mon coeur battait la chamade ; je tremblais en même temps de peine et de joie. Elle voulait me confier cette enfant !

110

Elle sourit, émue. Elle sait que je devine sa demande et que j'accepte de tout mon coeur.

— C'est oui, vous le savez déjà !

— Et, votre mari ?

— Il sera d'accord, je m'en charge. Il sera même heureux. Saviez-vous que je ne pourrai jamais mettre au monde des enfants ?

— Je l'ignorais. Je connais cependant les énormes qualités de votre coeur et cela me suffit.

Sauf, qu'il y a une disposition de la loi qui suppose que si des parents de son pays se présentent, il vous faut vous séparer de l'enfant. On vous fera signer un document spécifique. Je sais que c'est une énorme contrainte mais, si personne ne vient, dans six mois vous pourrez adopter légalement l'enfant.

En tremblant, nous acceptons néanmoins de signer l'acte notarié.

C'est ainsi que Solvène, petite fille de parents émigrés du Danemark, devient devant Dieu et ce monde notre fille chérie à Adrien et moi. Cette petite blondinette aux yeux de pervenche a immédiatement conquis notre coeur.

Lorsque je la prends dans mes bras et que je l'emporte à la maison, je suis dans un bonheur total. Qu'importe si elle pleure, si elle est follement craintive, je sais instinctivement les gestes maternels, les mots qui consolent. Je lui fais plusieurs promesses que j'ai fermement l'intention de suivre scrupuleusement. Puis, je m'en fais deux de taille : lui redonner le bonheur et la sécurité dont elle a un besoin primordial.

C'est Noël au mois d'avril !

Adrien ne sait plus comment agir. Toutes ses chères habitudes sont chambardées, mais il ne peut rester indifférent devant autant de détresse. Pendant que je fais chauffer un biberon, que je cherche les couches, que je m'active plus que de raison, il berce la petite fille qui gémit sans cesse. Comme si pour elle le cauchemar avait marqué son jeune cerveau et qu'elle ne pouvait se défaire de l'horreur.

Ce soir-là, je couche avec elle, l'entourant de mes bras. Tard dans la nuit, je lui chante des comptines, je lui parle tendrement et je la serre contre moi délicatement afin qu'elle sente mon coeur battre contre le sien et qu'ainsi, ensemble, nous combattions la peur qui fait malheureusement partie maintenant de son fragile univers. Épuisée, elle finit par s'endormir en suçant chacun de ses doigts avec l'énergie du désespoir et en lançant des appels au secours dans ses respirations saccadées, remplies de sanglots. Je la regarde dormir, heureuse qu'elle puisse se reposer un peu. Ce qu'elle est belle ! Notre fille est une pure merveille.

Pendant quelque temps, je cesse toute activité. Solvène a besoin de moi vingt-quatre heures par jour. Elle pleure moins, mange un peu et comme le temps se met au beau, j'envoie Adrien acheter un landau pour la promener. Je m'aperçois rapidement qu'elle adore aller au parc regarder jouer les écureuils et les chiens. Les jours passent rapidement et ma petite fille commence à guérir. Les couleurs lui reviennent ainsi que son appétit. Aujourd'hui, elle a ri aux éclats quand Adrien a fait le pitre pour l'amuser. C'est une grande victoire que nous fêtons en jouant par terre avec elle. Les jouets sont partout. Les amis ont été généreux, il en arrive encore. Je ne

112

sais plus où les ranger. Adrien propose que le temps est venu de trouver la maison de nos rêves. J'irradie de joie !

— Nous serons bientôt dans notre home, car nous sommes à présent une famille, me dit-il, fier comme un paon. Amour oblige !

Je rajoute des dièses.

— Solvène aura une grande chambre et une immense cour où elle pourra inviter plein de petits amis. Puis, nous aurons un autre chat, un chien, des lapins, et...

Adrien pouffe.

— Pourquoi pas une basse-cour, après tout ?

La béatitude a envahi notre domaine. Comme c'est difficile à comprendre : un si grand malheur pour cette si petite enfant qui se transforme en un immense bonheur dans une nouvelle famille. Est-ce cela l'alchimie de Dieu ? Je prie ardemment pour les parents qui, je le souhaite sincèrement, voient du Ciel comme leur petite fille est choyée, respectée et aimée.

Les jardins du monastère croulent sous les fleurs printanières, les fines herbes montrent le bout de leur nez alors que champs et vallées promettent des récoltes précoces et, dans la prairie, les animaux ne sont pas les derniers à se réjouir de l'été prématuré, gambadant de joie tels des écoliers impétueux en vacance.

Dom Pière a rendu visite aujourd'hui à son vieux banc décrépit, le scrutant, l'inspectant sur tous ses angles, et comptant bien venir s'y reposer en toute quiétude quand le temps et les labeurs se conjugueront pour lui en fournir l'occasion.

En attendant, il se donne une légère récréation. Fermant les yeux, il hume les odeurs, se rappelant celles de ses jeunes années. Il sourit un peu mélancolique ; comme elles restent vivantes à sa mémoire. On dit que lorsqu'on avance en âge ce sont les souvenirs d'enfance qui sont les plus clairs pour la mémoire. Il peut en juger maintenant par lui-même, puisque les odeurs font aussi parties de la valise aux souvenirs. Le romarin si fin parfumant l'agneau cuit sur les braises, l'aneth dont sa mère se servait pour les succulentes galettes. Le bois vert qu'il cordait année après année au printemps et l'automne venu qu'il rentrait dans les caves. Les foins brûlés... Le caveau aux légumes... Chacun, il veut le croire, a ses odeurs préférées, ses parfums d'autrefois, qu'il chérit dans son coeur. « Béni es-tu Seigneur pour ce passé si cher qui demeure éternellement présent. » Sa prière terminée, il rentre pour chanter de son admirable voix de baryton qui, elle, ne décline pas encore, les psaumes avec ses frères. Son âme et son coeur remplis de sérénité, Dom Pière se sent un homme heureux, si ce n'était de...

Les premiers beaux jours de juin, le Père reprend le cahier de Marie qu'il a abandonné durant l'hiver. Il s'était dit qu'avec du recul, il serait plus à même de voir clair dans tout ceci. Puis, il avait pris ce temps pour tenter de retrouver les traces de la femme qui a disparu de Montréal. Il attendait chaque jour une réponse à son enquête, confiant d'arriver prochainement à ses fins légitimes. Car il continue d'espérer, de toute son âme, de se voir délivrer d'elle et de ses sortilèges. Que de tracasseries, elle lui avait apportées...

En soupirant, il se remet laborieusement à sa tâche éprouvante.

Mais avant, tout de même, il se veut sincère : il ressent moins d'agacement vis-à-vis celle qui a pris trop de place dans son univers d'hommes ; il s'habitue, voilà tout. Dieu est bon !

Les années ont passé vite ! Avec Solvène dans la maison, la vie s'est embellie et la chaleur familiale a illuminé chaque pièce de notre foyer et de notre coeur. Nous avons vieilli sans y prendre garde, terriblement heureux. C'est elle qui a retenu toute notre attention et notre vigilance, en accord avec nos dispositions intérieures. Nous avons cherché à l'aimer, non à la gâter, à la protéger et non à l'étouffer.

Malgré mon emploi du temps fort occupé avec ma fille, j'ai passé mes examens à l'université avec succès et mon diplôme en poche, j'ai débuté dans le monde du travail comme journaliste pigiste. Cela me convenant tout à fait. J'ai vite adoré mon nouveau métier qui me permet de rencontrer des gens intéressants et de les écouter, sans besoin de m'épancher avec tout venant, en participant à la vie sociale de la ville.

Solvène a maintenant cinq ans.

Je n'ai guère changé, mais beaucoup évolué. Je me sens à mon aise dans mon être en compagnie des autres personnes. Parfois, j'ai l'adorable impression que je dois en grande partie à ma fille ce beau revirement chez moi. Si je lui ai donné, elle m'a rendu au centuple par son amour, sa joie continuelle, c'est une petite fille enjouée et très sociable. Entre elle et moi existe une chimie très forte. Nous nous comprenons, même si nos caractères sont diamétralement opposés, comme si nous étions faites l'une pour l'autre, de toute éternité.

116

Malgré ce bonheur que je sens relatif, car sur terre tout reste fragile, je le sais, les questions fondamentales reviennent me hanter : pourquoi venir au monde ? À quoi sert de vivre si peu de temps en comparaison avec l'âge infini de la Terre ? Où allons-nous, après ? Que sommes-nous supposés faire pour nous réaliser pleinement ? Je bous d'impatience d'arriver à plus de vérités.

Ma vie de médium n'est pas aux oubliettes, malgré que j'en serais enchantée. Il m'arrive plein de petits signes, comme si on voulait me montrer qu'on ne m'oublie pas, mais qu'il faut que j'accomplisse mon travail de mère dans la quiétude et l'apaisement moral. J'en suis fort aise.

*

Nous sommes à la presque fin des années soixante-dix. Des années fastes pour tout le monde, ou presque. L'argent donne aux gens la fausse impression qu'il sera toujours aussi abondant et la vie généreuse et bonne. Les idées sont devenues pluralistes et ont toutes droit de cité, surtout si elles prêchent la liberté totale, reléguant les valeurs morales par-dessus bord. Notre passé ne nous intéresse plus, nous échangeons nos meubles de bois pour du nickel et oublions allègrement l'Histoire de notre jeune nation pour adopter les moeurs et manières des Américains. Depuis 1960, la révolution s'est faite souvent mine de rien, parfois comme en 1970, avec grand fracas, mais toute la vie des Québécois en est bouleversée. Plus rien ne sera jamais comme avant. Pour de multiples raisons, c'est un pas vers la liberté, mais en

117

sacrifiant pour cela toute la beauté de notre héritage culturel et religieux.

Nous avons en effet jeté aux poubelles le sacré en même temps que les artifices, incapables de discerner l'énorme différence qui existe entre les deux.

Dans tout ce fatras d'opinions et de remises en question, les femmes se cherchent une nouvelle identité, refusant de continuer à jouer le rôle de leur mère. Les féministes sont lues, écoutées et admirées prenant le pouvoir dans les esprits féminins, aux dépens de l'équilibre précaire du couple. Il y a du bon et du mauvais, bien futée qui en fera un partage équitable. Mais, ici on confondra imprudemment liberté et libertinage.

Je regarde, j'écoute, j'apprends et je tranche. Maintenant, je crois pouvoir choisir ce qui me convient. L'illusion n'est pas toujours où la majorité la cerne.

Un bel après-midi d'automne, je reçois la visite d'une amie. Elle a besoin de moi et m'invite à l'accompagner dans une réunion plutôt spéciale. Sans ambages, elle me déclare, très pince sans rire.

— Je ne me cherche plus, je me suis enfin trouvée !

— Ah oui ? Comment, où, quand ?

Vivement intéressée, je veux tout savoir.

— Ne ris pas de moi. Je vais te raconter un peu car j'aimerais que tu viennes avec moi. J'ai besoin d'une personne comme toi : lucide, réaliste, ouverte et croyante. Ce dernier ajout est très important, ce pourrait être un bel atout pour toi, la journaliste.

— Tu m'exaspères ! Viens-en au fait, je t'en prie.

— J'y arrive. Je suis entrée dans un groupe de prières, qu'on appelle charismatique. Je ressens des cho-

118

ses et j'ai besoin que tu m'aides à comprendre de quoi il peut s'agir. Il me semble, heu ! que toi...

Je ris franchement.

— Vraiment, tu es naïve ! Il y a certes des prêtres avec vous qui peuvent vous expliquer. Si tu crois que je peux quelque chose, tu te trompes. Franchement, je n'ai pas envie d'aller me mêler à ce groupe. Cela ne me convient pas.

Piquée au vif, elle rétorque, pincée.

— Tu te crois au-dessus d'eux ? Serais-tu orgueilleuse ?

— Ne te fâche pas. Si tu savais seulement ce que j'ai déjà vécu, tu n'essayerais même pas de m'emmener là.

Elle change de tactique, se fait attendrissante, quasiment suppliante.

— Marie, j'ai besoin de toi. Tu ne peux me refuser ce service. Je ne peux pas croire que tu sois si réfractaire à ce grand vent de l'Esprit. Viens voir juste une fois ou deux, après je ne t'importunerai plus, je te le jure.

Je m'engage à réfléchir et à lui donner une réponse bientôt. Elle a sérieusement besoin d'aide.

Le temps passe, je suis occupée à courir partout avec Solvène : le patinage, les cours de dessin et de musique ; la petite a un potentiel si riche et veut tout faire. Puis, mon travail de pigiste qui prend aussi beaucoup de mon temps si précieux, j'oublie la singulière demande de mon amie Alice. C'est elle, quelques semaines plus tard, qui revient à la charge, cette fois elle se fait plus insistante.

— Comment peux-tu me refuser ce service, toi qui ne dis jamais non ? As-tu peur ?

En désespoir de cause, et parce qu'elle me lance un défi, je capitule.

— Une fois seulement et c'est bien juste pour te faire plaisir, si cela est si important...

Avec un sourire malicieux, elle conclut en laissant tomber ces trois mots qui prennent un sens équivoque dans sa bouche.

— On verra bien...

Je demandai à maman de m'aider à retourner là où on m'avait tant fait de chagrin. Mais, je savais qu'elle aussi m'y poussait, elle me l'avait dit plusieurs fois en rêve. Courageuse, je prends rendez-vous avec Alice pour ce fameux soir.

Nous voilà arrivées !

Prudente, je me tiens en retrait, mais c'est inutile. Ces personnes sont joyeuses et ont le sens de l'accueil. Ils vous embrassent, vous donnent un siège, s'inquiètent de votre confort, bref vous portent dans leur coeur et presque dans leurs bras. Ils savent comment amorcer les indécis.

Je m'installe quand même tout près de la porte d'entrée. Je ne veux pas participer, mais accompagner Alice, ce qui est différent. Et, j'attends...

On prie, on paraît sincère et j'ai honte de moi. Après tout, me dis-je, à garder mes fesses serrées et mon coeur dans un étau ne me vaut rien, mieux me détendre et écouter bonnement. On ne va quand même pas m'embrigader de force. Mon esprit de journaliste curieuse en éveil, je ne me méfie plus et la soirée se passe dans la simplicité, la foi et l'harmonie. Les gens sont sympathiques et confiants, que demander de plus ? Je trouve même cela reposant, alors je ne perds pas mon temps...

À Alice, plus tard, je redis mes pensées, souriante et reposée.

Elle est ravie.

121

— Tu vois ? Ce n'était pas malin...

La semaine suivante, elle refait sa proposition. Je résiste mollement, car j'ai aimé ce repos de l'esprit retrouvé là-bas. Face à sa forte ténacité, sans grand enthousiasme, j'accepte, résistante quand même.

— Juste une fois encore. Après, je ne peux plus, trop d'engagements, tu comprends ?

Et, cela est vrai. Mon emploi du temps est compté les prochains mois, je ne m'appartiendrai plus plusieurs soirs par semaine...

Le même accueil, les mêmes bonnes gens, la même atmosphère, je me relaxe...

Je les écoute et je les trouve touchants. Si je priais moi aussi... Je prie bien chez moi, pourquoi pas ici ? Je n'ai rien à perdre à être authentique. Tous croient au même Dieu et partagent la même foi...

Je ferme les yeux et laisse s'épancher mon coeur. Il en a lourd à dire. Tous ces mystères qui m'effraient et me poursuivent depuis ma tendre enfance. La perte de maman, de mes grands-parents, de mes petits frères, l'année de mes quatre ans. J'en veux à Dieu et j'ai encore une intense frayeur de sa volonté. Je suis incapable à présent de me décontracter ; je pleure. J'ai l'impression de vivre enfin tous mes deuils et de pleurer mes morts. Je me sens ridicule et j'ouvre mes yeux, rageuse. Les autres continuent leurs prières, je me sens seule avec ma peine et je les quitte. À quoi bon ?

Les jours suivants, je me sens toute chose, dolente, avec l'impression agréable de ne plus porter à terre, mais de flotter légèrement au-dessus du sol ; je me questionne. Rien de changé dans ma vie. Je ne prends aucun médicament, donc ce ne peut être cela. Solvène

122

est en classe de première et Adrien vaque à ses affaires, moi en journalisme, je vais d'un endroit à l'autre, toujours un peu déconnectée, mais très lucide. Bref, c'est surtout cette euphorie étrangère qui m'habite et me pose problème. J'ai l'impression que la terre pourrait se tourner à l'envers sans que je sursaute.

J'en parle un peu gênée à Alice, quelques jours plus tard. Elle rit aux éclats.

— Mais, ma chérie, rien de bien sorcier. Tu as reçu des cadeaux.

— Des cadeaux ? Étonnée, j'attends qu'elle m'explique. Elle ne s'en prive pas.

— Ben, tu t'imaginais quand même pas qu'on allait là pour rien et que ce qu'on racontait était des chinoiseries. La Joie du Christ, ça existe, ma fille, et sa Paix aussi. Il te les a données, sois heureuse et arrête de te tourmenter.

Ahurie, je fige, me demandant si elle veut rire de moi. Je n'avais jamais cru ces mots agissants. Je les lisais dans la bible en croyant la lettre morte, non pleine de vie.

Les choses de la vie me prennent tout mon temps, mon humeur revient comme avant. Puis, après ces quelques jours de béatitude, j'oublie Alice et ses soirées de prières.

Nous sommes à quelques jours de Noël, les préparatifs vont bon train. Adrien et moi courons partout pour arriver aux jours fériés en même temps que les autres. Solvène est excitée par le sapin, les cadeaux qui sont cachés dans les armoires et tout le survoltage à l'école où la joie règne en maîtresse.

Ce matin, je devais aller voir et entendre ma Solvène jouer du piano, voici que je suis incapable de me lever de mon lit. La tête me tourne, je suis envahie par la fièvre et une douleur persistante et cruelle me laboure le ventre et le rein droit. La petite est déçue, mais Adrien est formel.

— Reste allongée. Je vais à l'école et après, je t'emmène voir un médecin.

— Comment ? Je suis incapable de marcher, cette douleur irradie tant qu'elle me paralyse les jambes.

— N'aie aucune crainte. Si tu ne peux pas venir, j'appelle une ambulance. Essaie de dormir, je reviens bientôt.

Je prends une tasse de café et me recouche, rassurée. Adrien est si bon, il fera ce qu'il faut.

Je dors un peu, puis je m'éveille complètement. Ma chambre est inondée de lumière. Pourtant les stores sont fermés et les lumières éteintes. Inquiète, je scrute les coins, comme lorsque j'étais enfant. Peut-être est-ce la fièvre, me dis-je...

Je ne vois personne, mais j'entends.

« Tu as une démarche à faire, fais-la. C'est Dieu qui doit te guérir, sinon tu mourras. »

Qu'est-ce que cela ?

Effrayée, je me convaincs que c'est évidemment la fièvre.

C'est alors qu'une prière folle, gratuite et complètement irrationnelle fait surface : « Si tu es bien Vivant et Père comme Jésus et l'Église le prétendent, Tu vas me guérir. Ils ont dit à cette rencontre de prières que Tu nous aimais et que Tu t'occupais de chacun de Tes enfants. Si c'est vrai, prouve-le. »

124

Durant l'heure qui suit, je fais la rétrospection de ma vie avec acuité. Bon, j'ai toujours été médium vivant dans la crainte du fait, j'ai toujours prié cependant avec la foi du charbonnier, et j'ai toujours aimé sans savoir vraiment aimer, mais avec la peur collée aux fesses et au coeur. Or tout ça doit cesser. Il me faut une peau neuve, sinon je laisse tout tomber. J'ai besoin de savoir qui je suis, où je vais et vivre dans l'authenticité.

L'impression d'être rendue à la croisée des chemins s'intensifie à mesure que je réfléchis et mon assurance prend aussi de l'ampleur, malgré cette terrible maladie qui harponne le bas de mon corps. Chose curieuse, la douleur n'atteint pas mon cerveau, je suis comme décentrée d'elle. Ce sont mes pensées qui occupent le premier plan et cela me plaît, me rend confortable ; j'aime penser, réfléchir et agir.

Dès qu'Adrien revient, je m'empresse de lui faire part de l'expérience que je viens de vivre et de ma décision. Je soulève un tollé de protestations de sa part.

— Cela est complètement débile, excuse-moi. Tu ne peux agir ainsi. C'est déraisonnable et stupide ! Toi et tes fantômes !

— Où vas-tu ?

Peine perdue. J'ai beau l'appeler, le voilà parti sur ses grands chevaux. Je l'entends qui parle à quelqu'un, son ton est colérique, il a le verbe haut. Quelques secondes plus tard, il revient vers moi, nullement apaisé.

— Voilà, j'ai parlé à ce curé. Je lui ai dit son fait. C'est lui le beau parleur qui fait accroire au monde ordinaire des choses impossibles. Voyons ! Réfléchis Marie ! Comment veux-tu que Dieu te guérisse ? S'il faisait ça, aussi bien prétendre qu'Il arrête les guerres, qu'Il nourrit le monde entier et que sais-je encore...

Il se prend la tête à deux mains, et s'assied près de moi sur le lit. Il me fait de la peine, mais je sais que je ne peux changer d'idée. C'est entre Dieu et moi que ça se passe. Pour une première fois, Adrien ne peut rien.

J'essaie doucement de lui expliquer.

— Ne sois pas si inquiet, tout ira bien. Je me sens dans une forme différente et je crois que Dieu est au coeur de mon dilemme.

— Mais, pour qui te prends-tu ? Te voici devenue illogique ! Pire ; irresponsable !

Sanglotant, il crie ces mots, impuissant. Je résiste à sa volonté et il ne le prend pas. De plus, il ne croit pas Dieu très puissant et très proche, étant agnostique, donc il me voit assurément morte. Je le comprends, mais je suis incapable de revenir sur ma décision. Le plus étrange, c'est que j'ai toujours eu une peur phobique de la mort...

Le curé téléphone quelques minutes plus tard. Il veut venir prier sur moi, disant qu'il a le don de guérison. Adrien caresse un instant un espoir de me voir devenir plus raisonnable. Ferme, je résiste maintenant à ces deux hommes volontaires.

— Non. Si je guéris, il dira que c'est lui qui a fait ça. Je n'aurai rien gagné, tout sera à recommencer...

Dans ma chambre, je prie avec tout mon être, mais sans ferveur, comme sur commande. « C'est à toi de me prouver, moi je n'ai plus rien à te donner. Aie pitié ! Apprends-moi à t'aimer, si tu m'entends. »

Je me lève, toujours me sentant deux : mon corps qui souffre et marche avec difficulté et ma tête qui prie,

126

qui pense, qui fait agir mes bras pour m'occuper de Solvène ignorante du drame qui se joue dans la maison.
Nous ne lui racontons rien. Elle est beaucoup trop jeune,
trop sensible et nullement préparée à entendre ce genre
de propos.

Deux jours se passent et mes fonctions naturelles
sont complètement bloquées. Malgré l'inquiétude gran-
dissante d'Adrien, je persiste. Comme si en même temps
la foi poussait en moi comme une plante sauvage, mûre à
point et la douleur juste une rampe pour monter plus
haut. Mon ventre est enflé et la fièvre toujours aussi
forte.

— J'en ai assez, hurle Adrien. Je t'emmène à
l'hôpital. Tu dois être soignée !

J'acquiesce. Mais, dans l'auto, je reste silencieu-
ce, je prie. Je demande un signe à Dieu qui, Lui, demeure
toujours aussi distant.

Le médecin est agité, l'air absent. Une autre personne accapare ses pensées. Je fais signe à Adrien de se
taire, je ne dirai rien de ma **folle quête**. Je n'ai pas envie
qu'on me mette à l'asile l'avant-veille de Noël.

J'insère dans mon sac à main les comprimés contre la douleur et l'infection et promets que je reviendrai
lorsque la fête sera passée.

— Vous comprenez, dit ce médecin, maintenant
tout est fermé, nous n'acceptons pas de nouveaux pa-
tients. Chez vous, vous pourrez vous reposer et revenir
nous voir après Noël. À ce moment, nous pourrons vous
soigner. Je lui souris, me disant en mon for intérieur que
je serai guérie avant qu'il se remette à la tâche.

Enfin ! Noël est passé, mais je suis toujours aussi
souffrante. Le vingt-six décembre, je demande à Dieu,

127

ma guérison pour la dernière fois. Mais, je sais, sans l'ombre d'un doute, que je ne m'éteindrai pas, pas maintenant. Car je vois, comme dans un rêve, qu'il me faut réaliser quelque chose avant, qui me prendra beaucoup de temps... Je garde confiance, malgré l'illogisme de la situation.

Le même soir, un léger séisme ébranle la maison et je sais que c'est mon signe. Nous téléphonons aux voisins qui, eux, n'ont rien ressenti, sauf ceux d'en face et les autres qui demeurent en droite ligne jusqu'à plusieurs kilomètres de chez nous.

Puis, deux jours plus tard, je me rends à nouveau à une rencontre de prières et là je supplie intensément comme jamais auparavant je ne l'ai fait. Tant pis si les autres trouvent que je prends trop de place et me le démontrent clairement. Tout se passe entre Dieu et moi. Ce sont eux qui ont organisé ces soirées et prétendu que Dieu y assistait ; pas moi. Mais, je suis triste qu'on ne comprenne pas que c'est vital, car demain je mourrai si Dieu reste sourd à mes prières...

Revenue à la maison, quelques heures plus tard, mes fonctions naturelles reprennent normalement. Voilà une semaine qu'elles étaient arrêtées. À son tour, la douleur s'efface complètement. J'étais guérie complètement. Dorénavant, je pouvais croire enfin en un Dieu vivant, bon, agissant et compatissant qui m'avait entendue crier, gémir et pleurer après Lui.

Un terrible abcès situé près du rein droit, résultat de notre accident d'auto, venait pour la troisième fois de signer mon arrêt de mort. Les deux premières fois, on m'avait opérée. Cette fois-ci, poussée par plus fort que moi, il m'avait fallu faire cette expérience terrifiante pour

128

connaître enfin la grande Paix intérieure et la Foi qui déplace les montagnes. Beaucoup de questions demeuraient mystérieuses, mais j'acceptai ce fait : Dieu n'a pas à nous donner sans cesse des explications. IL est le Créateur et cette puissance me dépassait totalement. Seul, son Amour me transformait petit à petit et le bonheur de cela me comblait.

Moi, Marie Catherine Boderge, je déconseille fortement à quiconque de poursuivre une démarche analogue, elle pourrait être suicidaire.

Aujourd'hui, des années après aussi téméraire expérience, jamais je n'agirais ainsi. Mais, hier, je suppose qu'il me fallait passer par le feu de l'initiation pour me précipiter dans les bras de Dieu, pour la raison que Lui seul connaît.

À la suite de ma guérison, voilà que mes facultés médiumniques se décuplent, avec l'impression de ne plus habiter la Terre. Si je n'y prends garde, mes patates brûlent, la besogne quotidienne n'a plus aucun intérêt et je me sens plus prête à quitter ce monde qu'à vieillir avec Adrien et Solvène.

C'est alors que je fais à Dieu cette curieuse prière: « Seigneur, tu sais que je n'ai pas désiré tous ces signes de toi, que je ne peux et ne désire pas vivre aussi intensément jour après jour, que je désire plus de simplicité, plus d'ombre et plus de silence dans mon coeur, accorde-moi une vie ordinaire ».

Je suis à demi comblée.

Si je vais encore aux assemblées de prières, c'est que je ne sais pas encore ce qu'il me faut faire pour plaire à Dieu. Si je vais chanter avec la chorale de l'église, c'est pour prier deux fois, comme les religieuses me l'ont appris dans le temps et si je raconte à mes nouveaux amis les faveurs de Dieu, c'est pour témoigner de ma foi. Or on ne désire pas mes confidences et on ne désire pas ma présence. Je dérange, on me le signifie et je partirai, sans histoire.

Je quitterai sans m'acharner, un jour où la tempête dans le groupe s'est faite plus forte et plus menaçante. Sur les conseils d'Adrien, je choisis dorénavant l'amour. L'amour pour lui, pour ma fille, pour mes proches et pour mon travail. Et, je remets tout dans les mains de Dieu qui a sans doute voulu aussi ce qui m'arrive maintenant.

Que Sa Volonté soit faite !

Je ne cesserai pas de m'analyser pour autant, de faire des examens de conscience, de chercher sans cesse à mieux me diriger et m'épanouir pour que le Règne de Dieu arrive en moi et autour de moi. Sauf que, maintenant, j'ai confiance en Dieu. Je sais qu'Il est Vivant et en nous, et que jamais lorsqu'on lui demande son aide, il nous tourne le dos comme les humains le font.

J'ai vécu au sein de l'Église des expériences mystiques extraordinaires, bénéficié de grandes faveurs spirituelles, vraies ou fausses, à Dieu de le dire et j'aurais eu besoin d'aide, or il s'est avéré impossible de me faire accepter comme une simple femme et non comme un phénomène, une malade mentale ou une possédée du démon.

Que Dieu pardonne complètement comme j'ai pardonné totalement.

Ils avaient raison. Ma conclusion est étrange, mais vraie. Car la foi authentique doit se vérifier et passer par de multiples épreuves pour s'épurer et devenir

130

perle de lumière. Leur rôle était, au fond, le plus ingrat, mais nécessaire ; ils n'en ont que plus de mérites.

Aujourd'hui, c'est un autre Noël. Trois années ont passé et nous nous dirigeons vers la Côte-Nord, Solvène est ravie et nous, plutôt préoccupés. Nous sommes invités par Rosalie et de la parenté. J'ai hâte de les revoir.

Les nuages sont couleur de plomb, ils se chevauchent dans le firmament, courant bas, il fait 30° sous zéro et une fine poudrerie se déplace à ras de terre, ce qui laisse présager un voyage difficile. La chaussée est glissante et enneigée à plusieurs endroits.

À peine avons-nous dépassé les premiers kilomètres que je sens très fortement qu'il nous faut rebrousser chemin. Adrien s'emporte.

— J'en ai assez ! Qui me dit que ce n'est pas un caprice ton pressentiment ou bien une chimère dans ton esprit, hein ?

Il rouspète et s'irrite, bien qu'il sache que jamais les manifestations surnaturelles n'ont cessé en moi, malgré moi et que j'ai eu beau tenter de m'en défaire, jamais elles ne m'ont quittée.

J'ai aussi envie que lui aujourd'hui de faire fi de l'avertissement. Or, maintenant, je sais que je peux m'abandonner à ces fortes intuitions, même si cela m'apparaît aussi farfelu qu'à Adrien. Je persiste étant donné qu'on ne m'en laisse guère le choix. L'ordre m'habite, me remplit totalement.

— Il te faut faire demi-tour. Je ne sais pas pourquoi, mais c'est impérieux en moi.

L'âme chamboulée, c'est le cas de le dire, nous voici revenus tous trois chez nous. Solvène pleure et joue avec ses nouveaux jouets, Adrien s'énerve et moi je me perds en conjectures, mais je tiens ferme.

Quelques heures plus tard, nous saurons que la route était bloquée sur la Côte-Nord sur plusieurs kilomètres et qu'on avertissait tous les voyageurs de revenir à leur point de départ ; nous l'ignorions.

Le lendemain, des pèlerins trouvaient refuge dans notre logis et récupéraient leur foi vivante, après une expérience de réconciliation profonde entre eux et avec Dieu. C'est en ces termes qu'ils nous remercient, en partant, le surlendemain.

— Si vous n'aviez pas été là, Dieu sait ce qu'on aurait fait, nous étions désespérés et vides de ressources.

Les hommes proposent et Dieu dispose !

Le temps était venu pour moi de quitter l'esprit d'enfance. Dieu m'avait libérée de l'esclavage et de mon vêtement de deuil permanent. Je pouvais et voulais dorénavant voler de mes propres ailes et les voir pousser en priant pour les autres, moins chanceux, et en glorifiant le Père de tous nous aimer en Esprit et en Vérité. Je désirais pour eux tous ce que je recevais en abondance.

J'acceptai le rôle qui m'était confiée, même s'il me paraît de qualités que je n'ai pas et me plonge la plupart du temps dans la dualité intérieure : me taire ou parler ? Je voulais servir comme « médium », mais sans jamais rien accepter en retour. Dieu m'avait donnée gratuitement, je servirais aussi désintéressée que Son Fils.

133

Une nuit...

Je m'éveille complètement. Mon attention est aussitôt attirée vers la porte de ma chambre. Une silhouette se tient là, la tête penchée, comme en train de prier. Toute de noir vêtue, encapuchonnée.

Je questionne.

— Qui êtes-vous ? Pourquoi être habillée de noir, comme la mort ? Vous m'effrayez !

Elle ne répond pas.

Frissonnante de peur, je crois voir un fantôme de mon enfance, oubliant que les religieux sont habillés de noir et que les moines portent le capuchon. Puis, la peur disparaît et la réflexion se fait quand la silhouette s'efface.

Les mots sont venus tout doucement à mon conscient, je les écoutais, ils étaient remplis de bonté et de vérité.

« L'Église est essentielle à qui a besoin d'elle. Besoin de ses directives, de ses conseils, mais surtout de son message. Elle est l'héritière de l'Évangile. Sans ce trésor, elle n'est rien. Avec Lui, elle peut tout, mais l'oublie malheureusement. Les hommes ne sont pas l'Église, c'est le Christ qui peut tout et les guide par son Esprit.

Toi, ne juge pas. Ne méprise pas. Prends garde !

Laisse-toi instruire. Nous te donnerons de ce qui est à toi lorsque tu seras prête à l'accueillir. Donne-nous aussi ce qui est à nous : soient, les mérites et l'attention en nous écoutant avec vigilance.

Les Pères de l'Église sont vos précurseurs dans ce domaine religieux. Mais la foi, seul Dieu la donne. »

Une autre nuit, je le rencontre dans une grotte. Il est toujours penché, son visage vers la terre, ne me laisse pas le voir, mais je le sens très âgé et très bon. Je me plains à lui de la terrible douleur des guerres et du mal qui polluent la planète.

Il hoche la tête douloureusement, me répondant.

— Que voulez-vous, madame, ce sont les hommes qui sont mauvais et qui instituent ces gouvernements de mort, Dieu est absent de leur vie. Il vous faut prier, prier... Les âmes meurent par milliers...

Lors d'une autre rencontre, mon guide me fait voir le commencement de tout.

Dans une demi conscience, je vois nettement comment tout a débuté, sans toutefois qu'il n'y ait eu de commencement. C'est comme s'il y avait un perpétuel recommencement, mais que chaque génération, qui n'est pas comptée de la même manière que nous, avait son monde lui appartenant.

Une autre fois, je vois plusieurs femmes qui portent le voile noir. Elles n'ont pas de corps, seulement une tête. J'en reconnais plusieurs, parmi elles quelques étrangères.

Plus tard, les maris de ces femmes se donneront la mort. Pourquoi ai-je vu cette scène ? Je l'ignore. Peut-être pour que je prie pour elles, pour eux... En ce cas, c'est déjà une excellente raison pour me l'avoir montrée.

J'en reste vivement impressionnée.

Une nuit que je questionne mon guide, il me répond clairement et le jour se fait dans mon esprit.

— Ceux qui se suicident sont des malades qui ne sont plus capables de diriger leur vie, ils sont dans le noir et capitulent, oubliant de crier vers Dieu qui peut et veut les aider.

Ceux qui s'abaissent à tuer leur prochain, par haine, par plaisir ou toutes autres raisons, sont des bestiaux abandonnés aux forces du mal. S'ils se disent poussés à agir contre leur gré, c'est qu'ils ont accepté de servir l'Enfer. Ils sont réceptifs au bas astral. Jamais ils ne pardonnent, ressassant sans cesse dans leur esprit tourmenté des pensées mauvaises. Et, jamais, ils n'acceptent les grandes leçons que la vie leur infligent par bienveillance, pour les éduquer. Prier pour ceux-là est dangereux et tous ne peuvent s'y adonner. Il faut une longue préparation, sinon c'est le choc en retour.

Bien que je saisisse l'essence de ces mots, la crainte de faiblir ou de me laisser entraîner continue de me tarauder. Je m'en ouvre à mon guide. Il revint m'expliquer dans une autre méditation.

— Regarde tes actes passés et sois heureuse de voir que tu as aimé. Nourris-toi de beautés, cela fortifie. Appelle à toi les plus hautes vibrations en parlant aux saints, mais surtout au Christ ou à sa mère. Fais confiance à Dieu. Il sait ce dont tu as besoin pour continuer dans ta voie.

Subséquemment, il m'informe de plus :

— Enfants ! Comme vous êtes ignorants ! Tout un monde invisible se meut dans le Cosmos. Il n'y a pas de vide, tout est à l'infini. C'est votre compréhension humaine limitée qui en fait une limite. Incapables de voir les ondes, de voir le vent, de voir les créatures qui peuplent les univers... Les pensées sont invisibles, mais vivantes. Elles peuvent faire le bien ou le mal, selon la direction que vous leur donnez... Pensées, ondes, vibra-

136

tions passent partout et à travers tous. La protection contre les mauvaises, c'est le Pur Amour. Uniquement l'Amour désintéressé. **Le Pur Amour.**

Par la suite, il me répond sur mon destin.

— Suis-je un médium, guide céleste ?

— Médium n'est pas le bon terme, madame. Vous ne communiquez pas avec les esprits, ce sont les **Éveillés** qui vous donnent des directives en temps et lieu. Ce que vous vivez n'est pas de la nécromancie. Celle-ci est mauvaise, défendue parce que dangereuse. Il y a des quantités innombrables d'esprits mauvais qui circulent au ras de la terre et qui cherchent à entrer en communication avec les humains. Leurs vibrations sont basses et noires. Seule la prière véritable et responsable peut les éloigner... Laissez-les à leur destin invisible et vous, demeurez dans la lumière...

Le Christ est votre maître unique pour vous, chrétiens.

— Pourquoi la prière est-elle si difficile à mettre en pratique ? J'entends la prière du coeur et non celle apprise par coeur, dans l'enfance.

— Mais, parce que vous devez vous débarrasser de votre égoïsme et acquérir un coeur droit et sincère pour désirer le bien de l'autre souvent au détriment du vôtre.

— Cela demande des efforts...

— Tout bien demande des efforts. Toute vibration élevée demande des efforts constants. Sans efforts, rien de possible dans la création. Et, tout se crée toujours...

Ces rendez-vous mystérieux me réconfortent, m'instruisent et m'apportent force morale et calme intérieur.

— Un jour, ajoute mon guide, vous saurez exactement ce que vous êtes et ce que vous avez reçu. Maintenant, l'heure n'est pas venue de vous faire cette révélation. Vous devez vivre encore dans l'espace et le temps de votre planète. C'est la loi de Dieu écrite dans les Cieux.

Ensuite, il m'a instruite de ceci qui est fondamental et que j'allais omettre par étourderie.

— Il vous faut respecter la foi de chaque peuple, de chaque homme. Dès qu'un homme cherche, il a déjà trouvé. Dieu est le même partout. Il n'y a que la couleur des hommes qui est différente. Le bien est le bien et le mal est le mal, partout. Ils n'ont pas, eux, de couleur et leur langage est universel. Dieu est Esprit et veut être adoré en Esprit et en Vérité par le plus pauvre ou le plus riche d'entre vous. Ceci est une clé pour passer d'une finalité à une autre.

L'été touchait à sa fin cette année-là, Solvène avait maintenant dix ans et la richesse de ces manifestations intérieures me laissait entrevoir que je maintenais ma route sur le bon cap. Je pouvais continuer à souhaiter que la mer reste belle et paisible et que notre bateau ne prenne pas l'eau.

Une nuit de septembre, un songe très vivant me vient. Je le note aussitôt après.

Je vois mon moine guide assis sur une couchette de bois rustique. Près de lui, une seule chaise droite, faite aussi de bois. La pièce où il se tient est minuscule. Je reste dans la porte et je contemple la scène. La tête pen-

138

chée, comme d'habitude, il ne me regarde pas, mais je sais qu'il m'entend. À ma question, il répond :

— Madame, vous n'avez pas à dire quoi faire aux gens qui vous consultent. Continuez, donnez gratuitement. Écoutez-les avec votre coeur.

— C'est ce que je fais.

— Eh bien, continuez. Mais, ne cherchez pas ces gens. Ils vont là où nous les conduisons. Nous les guidons. Ils ne sont pas tous destinés à nous entendre.

— Plusieurs d'entre eux sont seuls, malheureux...

— Vous croyez être la seule à voir ? Ils sont libres et leur coeur est trop partagé. Relisez l'épître de Jacques...

— Mais, ne cherchent-ils pas aussi ?

— Madame, la paix de l'esprit ne s'achète pas. Elle se conquiert de haute lutte, avec le vif sentiment de vouloir Dieu en soi. C'est une lutte, je vous le répète. Celui qui gagne est celui qui persévère, non celui qui a l'esprit comme une girouette. C'est oui une journée, le lendemain il a déjà oublié ce qu'il cherchait si ardemment la veille. Compris ?

Quant à moi, depuis que j'avais tacitement et implicitement accepté d'être fondamentalement ce que j'étais, on me guidait, on m'instruisait et je continuais ma route dans une foi vive et agissante. J'avais cessé d'être mon propre bourreau.

Solvène est partie. Elle aurait eu quatorze ans, demain.

Jour de deuil, de douleurs intenses, inimaginables. Comment vais-je faire pour vivre encore avec ce poignard accroché au coeur ? Pourquoi toujours souffrir ?

Je ne suis plus qu'une somnambule, l'ombre de moi-même. Adrien, lui, a ses affaires. Moi, on m'a pris ce que j'aimais le plus au monde ; ma fille.

Des parents ont surgi de nulle part, se rappelant qu'une petite fille vivait loin, là-bas, au Canada et qu'il était temps qu'ils fassent connaissance. C'est aussi simple et aussi stupide que cela. Mais, quelque part, une beauté certaine habite aussi l'événement, sauf que pour l'instant je ne perçois que très faiblement son écho à lequel je ne peux donner aucun nom.

Suprême consolation : elle reviendra, lorsqu'elle en sentira le besoin. On nous l'a promis.

Tout s'est passé très vite, sur le coup je n'ai pas eu le temps de souffrir. Préparer Solvène pour qu'elle ait tout pour le grand départ et que là-bas, si loin de moi, elle ne manque de rien. Heureuse, exubérante, mature pour son jeune âge, elle est riche de dons et de joie. Comme jamais nous ne lui avons caché ses origines et la possibilité d'un possible retour au Danemark, elle s'y attendait... Moi, pas. Elle m'a crié :

— Au revoir, maman. Je t'aime !

Et, voilà ! Le bel oiseau s'envolait déjà avec sur ses ailes l'amour inespéré de ma vie.

J'ai pendant des heures tourné en rond, cultivant mon chagrin de mille souvenirs vivaces, entretenant dans mon coeur le ver rongeur de la douleur vive comme marquée au fer brûlant. Puis, je reprends vie, honteuse d'avoir laissé la souffrance me broyer les entrailles, me forçant à réagir et je fais cesser mes pleurs et mes plaintes en me rassurant sur le sort de Solvène qui, j'en suis certaine, là-bas ne manquera absolument de rien, sauf de ma trop grande sollicitude. Cette absence nous fera sans doute du bien à toutes les deux. Nous sommes soudées l'une à l'autre, beaucoup trop...

L'été tire à sa fin, les marchés regorgent de fruits et de légumes, il me faut de toute urgence m'occuper activement à une besogne harassante pour ne plus penser.

Après une douche très froide, j'enfile un jean et une chemisette. Le temps de chercher mon panier d'osier, je suis prête à courir voir mon paysan préféré, mon ami depuis que je suis à Montréal : Chico le Péruvien. Cultivateur hors pair, d'un doigté remarquable, lui saura à mon regard noyé et à mes gestes un peu saccadés que me voilà en pleine déroute.

— C'est le temps de faire des confitures et des marmelades, madame Marie, n'est-ce pas ?

Il a tout compris. Laissant ses autres clients, il est là, autour de moi, compatissant, attentif, me regardant sans cesse, quêtant mon approbation, me comblant de ses plus belles fraises, framboises, poires, pêches... La valise de l'auto est pleine quand je le quitte à regret. Il ajoute à

141

mon oreille, cette petite phrase qui pour lui est tout un aveu :

— Faites plaisir, madame Marie, et comme d'habitude, donnez-en à tous vos proches... Vous oublierez tous vos chagrins, croyez-moi, les fruits sont des petits médecins...

Les fenêtres toutes grandes ouvertes, vêtue d'un short et d'une grande chemise à carreaux rouges, empruntés dans la garde-robe de Solvène, pour mieux sentir son odeur, sa présence, je confectionne des pots et des pots de confitures, de marmelades, de ketchups aux fruits que j'irai ensuite porter à toutes mes amies et connaissances. Durant une semaine complète, je m'astreins à ce régime de forcenée pour finir satisfaite des résultats. J'ai retrouvé la sérénité et ma capacité d'agir, enfin. Le travail et le temps, sont de grands bienfaiteurs. Il faut le reconnaître.

Encore cette fois, on m'a donné le courage nécessaire pour passer à travers l'épreuve et grandir, c'est à dire me fortifier au lieu de me laisser écraser par elle. Merci à ceux que nous prions et qui nous guident sans cesse vers le meilleur de la vie...

Bienfaisantes sont les lettres qui arrivent aussi régulièrement que le tic tac de l'horloge et qui disent toutes la même mélodie d'affection.

« Petite maman, je t'aime ! »

Cette douce parole devient comme une flèche enflammée qui file au-dessus de l'océan Atlantique droite vers mon cœur, y pénètre en répandant des flots de baume qui atteignent leur cible sans encombre, me rendant presque sereine.

« Je te promets, je reviendrai vite vers toi. Dis à Maya, ma vieille chatte d'amour, de m'attendre. Je vous aime, papa et toi. »

— Tu entends, Maya ? Solvène va bientôt rentrer au foyer. En attendant, il nous faut manger, dormir et vivre comme si nous étions heureux.

La chatte comprend ; elle trottine vers la chambre de Solvène, se couche sur son lit, attendant sa maîtresse.

Je pleure moins. Elle est bien avec ses tantes, oncles et tous ses cousins, cousines, je jouis donc un peu du bonheur, par ricochet.

Je reprends le service à l'hôpital. Il y a tellement de petits enfants qui ont besoin de mes bras et de mon cœur, je vole vers eux !

Encore une fois, j'entends le triomphe du chant faible, celui qui n'a nul écho, parce qu'il vient directement de l'âme meurtrie. Et, je marche, je vis...

143

Le temps, ce guérisseur naturel, passe et l'avion est revenu puis retourné au Danemark, mon amour aussi. Solvène grandit en sagesse et pourvue d'attraits. Elle est belle. D'une beauté un peu diaphane, parant le visage de tons pastel que les peintres envient souvent à leurs modèles. Je reçois souvent des photos, elle vient de temps en temps... Que désirer de plus ? Elle est maintenant parmi les siens.

J'ai aussi repris du service comme journaliste. Adrien, me voyant très occupée, peut vaquer le coeur en paix à ses affaires. Plus il avance en âge, davantage il est l'homme de raison qui se construit selon l'humeur de la bourse internationale.

— J'accumule pour deux, soutient-il, lorsqu'il me voit préoccupée de son âme ou de son bien-être physique. Tu verras, tu me féliciteras quand tu seras trop âgée pour travailler et que tu profiteras du bon temps. Nous irons passer nos hivers en Floride et voyagerons beaucoup. Il en faut de l'argent pour mes projets.

Je ne dis rien. À quoi bon ? Je ne vois pas mon avenir en Floride, ni sur les routes. Je n'ai pas envie de cesser de travailler, il y a toujours quelque chose qu'on peut et qu'on doit faire, cela jusqu'à la fin de sa vie. Comme grand-père, le père de maman. Lui n'a jamais été quelqu'un de désoeuvré et ne s'est jamais reposé sur son passé, il construisait continuellement le présent. Je suis de la même trempe que lui. Les lauriers, nous les récolterons ailleurs...

Je note la date et l'année sur mon calendrier, ce matin : 28 janvier 1986. J'y dessine un grand coeur.

J'attends des nouvelles de Solvène qui doit arriver la semaine prochaine pour passer plusieurs mois avec nous ; elle fréquentera le Cégep du vieux Montréal.

J'accélère la marche du temps...

C'est mardi. Dans la cuisine, grand branle-bas de combat. Entourée de casseroles, j'ai l'impression que j'aurai bientôt une armée à nourrir. Je confectionne pâtés, tartes, gâteaux, ci-pâte pour faire plaisir à Solvène et la troupe d'amies qui prendra d'assaut la maison. De temps en temps, je jette un rapide coup d'oeil à la fenêtre ; une récréation pour me reposer et souffler un peu avant de continuer mon épuisante besogne. Je n'aime plus faire à manger, la chaleur me fatigue. La ménopause me vient très jeune. À peine quarante-cinq ans !

L'hiver est installé confortablement avec son cortège de vent, de froid, de neige et d'ennuis. Dans la maison, à l'abri, je suis bien, mais j'ai pitié de tous ceux qui courent pour gagner leur pitance et qui ont froid. Je prie un peu pour tous ces voyageurs de la vie trépidante, puis je me remets en mouvement.

Au fur et à mesure qu'avance l'avant-midi vient aussi une sourde angoisse, comme s'il se tramait dans mon dos quelque chose d'affligeant. Je continue néanmoins à vaquer machinalement à mes occupations quand, soudainement, une impulsion subite me pousse à aller au

145

salon ouvrir le téléviseur. Moi qui déteste regarder la télé le jour, j'obéis dans une sorte de torpeur.

Est-ce le « hasard » qui choisit le canal ? Curieux ! J'en capte un américain. Le spectacle se déroule directement. Tiens, me dis-je, j'ignorais qu'on lançait ce matin une navette en orbite.

À l'instant même, je me sens comme interceptée et mon angoisse vient à son comble. Je vois le minutage à gauche en haut de l'écran, j'entends les voix de la NASA et figée, j'observe attentivement. Mon esprit est vide, je n'ai aucune imagination, je ne sais pas ce qui viendra a posteriori.

Il est presque l'heure de dîner, c'est tout ce qui devrait me préoccuper pour l'instant et Adrien va rentrer.

C'est alors que très distinctement, au niveau de mes pensées, m'arrive celle-ci, terrifiante :

— Regarde ! Elle va exploser !

Affolée, j'essaie de m'arracher à cette horrible idée négative, fixant toujours l'écran. La navette décolle, on applaudit en bas, elle monte, file vers le ciel, puis c'est comme si elle se multipliait, des panaches de fumée de toutes parts. L'incroyable !

Incrédule, je pense comme ceux au sol que ce sont uniquement les fusées qui se sont détachées et je méprise le funeste avertissement. Muette de stupeur, je suis obligée de me rendre à l'évidence : les morceaux retombent dans l'océan et un gigantesque écran de fumée et de débris encombre le ciel de la Floride.

Changée en statue de sel, je continue à fixer le téléviseur. On nous montre la foule démonstrative, joyeuse, puis des visages qui s'interrogent, des gens qui changent radicalement d'expression, se mettant à crier et

146

à pleurer l'horrible drame qui vient de se produire sous leurs yeux.

Seule dans mon salon, je pleure aussi comme une enfant. J'ai soudainement aussi peur qu'eux tous. Mais, pourquoi ? Que se passe-t-il ? Nous trompons-nous tous ? C'est impossible ce que nous croyons voir ! Comment une pareille puissance terrestre peut-elle se tromper à ce point et laisser exploser un engin si perfectionné, si au point, si magnifique de grandeur humaine ? On les récupérera vivants et on nous annoncera dans quelques minutes qu'il ne faut pas nous inquiéter, n'est-on pas les plus avancés en matière de lancements dans l'espace ?

Mille questions se pressent dans mon cerveau et de réponses nulle ne me parvient, si ce n'est cet avertissement qu'on m'a donné tout à l'heure, pourquoi ? J'ai soudainement très peur. De moi, de ce grand pays si fragile, de cette voix... de l'impuissance de la NASA... de la fatalité...

N'en pouvant plus, je laisse là le téléviseur et cours téléphoner à Adrien. Je dois partager avec quelqu'un qui ne me croira pas folle. Ces états de « transducteur métapsychique » sont trop douloureux pour que je les vive dans la solitude. Toujours en sanglotant, je lui raconte l'effroyable catastrophe.

Aussi consterné que moi, il me crie :

— J'arrive !

À nouveau, je lui raconte en détail ce que j'ai vécu puis je me souviens des autres mots qui me sont venus, alors que je pleurais avec la foule sur les astronautes, et qui disaient ceci textuellement :

L'ESSENTIEL. VOUS NE CHERCHEZ PAS ASSEZ L'ESSENTIEL. CHERCHEZ L'ESSENTIEL DANS TOUS LES ÉVÉNEMENTS QUI ARRIVENT...

Adrien s'en retourne et je reste seule avec mon chagrin et ce nouveau mystère. Pourquoi m'avoir avertie ? Est-ce seulement parce que j'étais sur la même longueur d'onde qu'eux tous au même instant, ou parce que j'ai quelque chose à comprendre dans cet événement ?

C'est vrai que depuis un bout de temps je me suis laissée aller au chagrin à cause de Solvène, me sentant incapable d'évoluer avec cette médiumnité envahissante. Mais, je me veux réaliste : de eux à moi, il y a tout un monde ! Sauf, que je me souviens maintenant. Juste avant. N'ai-je pas appelé à l'aide ? Oui. Mais, était-ce bien pour moi ? J'étais si heureuse, quelques minutes avant l'angoisse, avant le drame... J'ai prié... puis...

L'ESSENTIEL. Je ne comprends pas le sens de ce mot dans cette fin tragique. Cela ressemble à un terrible échec, voilà tout. L'essentiel pour le pays ? Pour nous tous ? Pour moi seule ?

Pourquoi ces paroles énigmatiques ?

Je me remets à prier pour comprendre et pour aider, même si j'ignore à qui ou à quoi je peux servir.

Et, pourquoi ces paroles comme des reproches ? Qu'avons-nous fait pour mériter pareil châtiment du Ciel ?

Ces mots se frayent un chemin de révolte dans mon coeur, car je redoute la fatalité trop injuste. J'en veux à quelqu'un, mais ne sais trop à qui...

Je prends très à coeur le drame et durant les heures suivantes, tout en me débattant avec l'énigme de l'univers, je pleure sur les astronautes et je deviens con-

148

vaincue que nous n'avons aucune importance, étant comme des fétus de paille emportés par une fatalité inexorable.

Je ne supporte pas du tout que des personnes aussi extraordinaires puissent finir leur vie dans une si grande catastrophe, aussi stupidement. Je crie vers le ciel : « Aidez-nous ! Montrez-nous la lumière, nous voici tous dans les ténèbres ! Pourquoi devons-nous chercher à nous réaliser ? Pourquoi nous arracher les entrailles et le coeur à nous faire une place au soleil, à accumuler des diplômes, des richesses, si tout peut être anéanti dans l'espace de quelques secondes ? »

Je demeure profondément affligée et indignée.

Plus tard, vers la fin de l'après-midi, fatiguée de pleurer, de prier, de me creuser les méninges et de me révolter contre notre commune destinée, je m'avoue vaincue et présume que nous devons quand même, malgré toutes les apparences, continuer à faire des efforts pour nous accomplir et assumer notre vie d'humain. Étant donné que c'est peut-être là **l'essentiel** et la raison profonde pour laquelle nous naissons sur la Terre, tous solidaires dans la joie comme dans la suprême épreuve.

Mais, accepter le cruel sort des astronautes ne m'explique pas pourquoi des esprits m'ont avertie quelques secondes avant que tout sauterait. Ils n'étaient ni bons, ni mauvais, ils étaient au courant, sans émotion, comme branchés sur le futur. Mais, pourquoi moi ?

Tôt, dans la veillée, je vais m'étendre, espérant me reposer et dormir très longtemps.

Il fait nuit quand je m'éveille brusquement. Un homme est dans ma chambre. Il fait les cent pas près de

149

mon lit, allant et venant, profondément troublé. Il ne me voit pas, ne s'occupe pas de moi.

Curieuse. C'est le mot exact qui me vient, lorsque je veux saisir l'état dans lequel je me sens, à l'instant où je le « vois ». Je suis sans peur, trouvant seulement incongru qu'il soit ici. Par où est-il entré ? Tout est fermé à clé.

Pendant que je m'interroge, assise dans mon lit, lui continue son va-et-vient. Sa tête est penchée vers l'avant, il semble accablé. Vêtu d'un vêtement d'une seule pièce, genre combinaison blanche grisâtre. Il a les cheveux foncés qui descendent en couette sur son front d'un seul côté du visage. Son allure est mécanique, j'ai l'impression qu'il est figé dans son mouvement obsédant, pareil à un automate.

Une seconde, je pense à réveiller Adrien qui dort dans le lit, en face, mais aucun son ne sort de ma bouche. Je crains d'effaroucher l'inconnu.

Alors, je m'adresse à l'homme en pensée, cherchant à l'aider ou à m'en débarrasser.

— Qui êtes-vous ? Pourquoi votre présence, avec moi ?

J'ai conscience de l'atteindre un peu, car cette fois il se met à marmonner en anglais. Je ne saisis pas ce qu'il murmure.

— Je ne comprends pas, je m'excuse.

Fait cocasse : j'ai l'impression d'être enfantine face à l'inconnu. J'ajoute timidement que j'ignore l'anglais et que je n'écoute qu'une seule émission américaine, tout en n'y comprenant pas grand-chose.

En même temps, sa tristesse et son désarroi sont si intenses qu'ils me rejoignent profondément. Il change

150

son message. Maintenant, je pénètre sa pensée, ce qu'il veut me faire comprendre, même s'il ne me regarde pas du tout. Le plus surprenant, cela me paraît normal.

— C'est de ma faute ! Tout est de ma faute ! J'ai pesé sur le mauvais bouton. J'ai commis une grave erreur.

Il répète ces mots en leitmotiv comme submergé dans un immense sentiment de culpabilité, rejetant entièrement sur lui une faute grave qu'il aurait commise. Étrangement, j'ai le sentiment de m'incorporer aussi à ses émotions.

Je dois l'aider ! Je veux l'aider ! J'ai l'intime conviction qu'il est ici uniquement pour cette raison. Mais, que faire, que dire ?

Instantanément, dans un synchronisme parfait, nos pensées se rejoignent et se fusionnent, pendant que je dirige vers lui ma profonde compassion, comme si nous ne faisions qu'un ! Il semble réagir intérieurement, l'air est moins oppressant.

— Cessez de vous tourmenter ainsi, lui dis-je. Vous n'avez rien fait de répréhensible, sinon vous ne seriez pas aussi malheureux. Vous avez perdu vos esprits, voilà la raison de votre désarroi. Reprenez-vous, je suis là. Je vais vous parler et vous venir en aide. J'ai tout vu, tout entendu...

Lui répète, en marchant, ces uniques mots.

— C'est de ma faute, de ma faute...

C'est là que je comprends que j'ai une rencontre immatérielle avec un type de Challenger, qui est dans une dimension inconnue, perdu dans le sentiment de l'échec monumental. Mon corps ne participe pas, je le vois dans le lit, il est rigide, immobile. C'est mon esprit qui est près

151

de l'homme et qui l'écoute. Je dis n'importe quoi, il me faut le sortir de l'horreur dans laquelle il est plongé. Je dois le réconforter.

— Cessez de vous tourmenter. À la NASA, ils avaient les commandes et ils n'ont pas corrigé l'erreur. Ce n'est pas juste vous le responsable.

— Qui ?

Il a comme poussé un cri, toujours sans tourner son regard vers moi.

— Je n'en sais rien.

Il s'évanouit à l'instant même, comme un coup de vent, il disparaît. Ce n'est pas un fantôme. Toujours assise dans mon lit, je m'interroge. Mais, ai-je rêvé ? Peut-être que oui, après tout, cette histoire m'a tellement remuée. Pourtant, il avait l'air si vrai... Chaque détail est imprégné dans mon cerveau...

Très tôt, le lendemain, lorsque nous nous réveillons, je fais part à Adrien du curieux songe.

— Je te voyais dans ton lit, tu dormais pendant que je vivais cette étrange expérience. Cela me trouble. Qu'en penses-tu ?

— Je vais chercher le journal du matin. Tu regarderas les photos des astronautes, peut-être cela va-t-il t'éclairer.

Quelques minutes plus tard, Adrien revient. Il tient le Journal de Québec du 29 janvier à bout de bras.

— Prends ! Regarde !

Je feuillette fébrilement le reconnaissant dans la page où s'alignent les visages des héros de l'espace.

— Vois ! C'est celui-ci ! Le commandant Francis Scobee ! Je le reconnais à cause de cette couette de cheveux qui lui retombe sur le front.

152

Mon mari part à son bureau et je reste à la maison, m'interrogeant encore. Tout est illogique. J'ai probablement rêvé cette rencontre à cause de mon immense chagrin.

Adrien, rejoint à son bureau, a une toute autre vue de l'analyse.

— Alors toute l'Amérique et la Terre verront ou ont vu un membre de l'équipage, car le monde entier est sous le choc.

Il ébranle mon point de vue rationnel ou se moque de moi. Je ris de bon coeur, le trouvant irrésistible lorsqu'il me tient le propos suivant, très farfelu.

— Dis ? Si tu le revois. Demande-lui donc s'il faut que tu avertisses la NASA qu'il est toujours vivant et diablement perturbé afin que ces derniers l'épaulent à trouver la paix dans le cosmos où il est perdu...

Je raccroche et continue mes investigations intérieures. Si le commandant avait pesé sur le mauvais bouton, ceux d'en bas s'en seraient aperçus immédiatement, ils auraient corrigé la trajectoire. Puis, je conclus que c'est naïf de ma part de continuer à ne penser qu'à cela, m'efforçant de passer à autre chose.

Mais, je ne peux pas. Rivée à la télévision, je regarde le mémorial au Johnson Center à Houston, quelques jours plus tard, et j'apprends que les derniers mots ont été dits par le commandant, j'en déduis que les gestes aussi. Or les journaux m'apprennent que c'est le co-pilote Smith qui a eu le dernier geste. Alors, pourquoi n'ai-je pas vu ce dernier au lieu de Scobee ? La logique m'échappe, c'est le cas de le dire... Sauf qu'il a donné les derniers ordres... Je tourne en rond dans mon cerveau...

Fatiguée, je m'assoupis dans mon fauteuil, après la cérémonie. Je laisse mon esprit se reposer, vide de toutes pensées. J'ai l'habitude de la méditation et peux faire cet exercice dès que je ressens le désir ou la nécessité.

Les yeux fermés, je détecte une présence près de moi. Quelqu'un est à ma droite, assis sur le divan, dans mon salon. Pourtant, ma porte est toujours fermée à clé.

Un homme. Le même. À cause de la couette sur le front. Habillé de la même combinaison. Cette fois, il me regarde, me sourit. Moi, je pense à un fantôme et je n'aime pas cela, jugeant la chose **impossible.**

Je suis stupéfaite ! Puis, dans mon énervement, je repense à la suggestion d'Adrien.

Trop engourdie, pour lever ne serait-ce que la main, je m'aperçois que mon corps ne participe pas, seul mon esprit est bien éveillé. Je fais un effort pour vaincre mon embarras et l'interroger. Je dois en profiter pour dissiper l'énigme.

— Dites ? Pourquoi moi ? Une inconnue ? Il y a votre famille, vos amis, les gens de la NASA ?

Mon interrogation douloureuse le rejoint, je le vois à son regard attendri. Il sourit encore, comme pour me rassurer. Sa pensée m'arrive, elle est sur le même plan que la mienne, qu'importe la langue, il n'y a pas de barrière là où nous nous trouvons.

Je capte ses paroles. Elles me font du bien, c'est réconfortant.

— J'ai été attiré par ton amour gratuit. Ton esprit a rejoint le mien alors que j'étais totalement dans la nuit, désemparé, désespéré. Il est difficile de rejoindre ses proches quand on vit une mort aussi brutale. Ils pleurent, parlent entre eux et leur esprit est un tumulte. Le silence est nécessaire pour rejoindre un autre esprit sur la Terre. Un esprit libre qui consent dans l'amour à partager son énergie terrestre. Ton « pur amour » a été comme une lumière dans mes ténèbres intérieures.

Je pense : quel étrange dialogue ! Est-ce que je rêve actuellement tout ça. C'est si fou !

Pendant qu'il persiste à soutenir mon regard et mes interrogations, comme pour m'encourager à croire qu'il continue d'être vivant, mais autre, malgré son infortune, je réfléchis vivement.

Puis, je pense aux remarques amusantes d'Adrien et je souris à mon tour. Il demeure attentif, et je lis sur son visage comme une lueur amusée. Si je le devine, il me devine aussi. Un léger émoi m'envahit mais, néanmoins, je poursuis mon investigation. Journalisme oblige.

— Voulez-vous que j'écrive à la NASA ? C'est tellement formidable que vous soyez là ! Ils cherchent l'erreur...

Ses traits deviennent graves. Son visage se fait très doux, aimant. Il répond instantanément.

—Écrire à ma femme. Elle seule. Lui dire que mes derniers instants ont été pour elle et que je l'aime toujours.

Il ne dit pas un mot de la NASA, comme si cela n'était pas de mon ressort. Je n'insiste pas. Quant à sa femme, je promets d'écrire.

Moi qui voulais paraître intelligente ! Il m'a dicté un ordre, comme si j'étais sa subordonnée...

Je sens que l'entretien est terminé. Plus rien ne passe entre nous deux. Je le vois se lever, sans se plier, pourtant il est très grand, puis passer près de moi, en se dirigeant vers la porte d'entrée. Je secoue ma torpeur et regarde derrière moi ; il n'y a personne.

Progressivement, je reprends ma liberté de mouvement et je m'aperçois que j'ai les jambes molles, comme si je relevais d'une longue maladie. Je connais bien cet état. Ce n'est pas la première fois. Je suppose qu'il a dû puiser dans mes énergies pour se faire voir, autrement nos vibrations n'auraient pu être sur une même longueur d'ondes.

Pendant quelques jours, je ressens cette sensation d'apathie, tout en demeurant parfaitement lucide, sereine et calme. Puis, graduellement, au fur et à mesure que je me nourris et vais prendre de grandes bolées d'air frais, ma vitalité revient aussi puissante qu'avant cette étrange expérience.

Les jours suivants, je repense à la promesse faite au commandant Scobee et la logique reprend le dessus.

— Je ne crois pas à la possibilité de tout ça, déclarai-je à Adrien et je ne ferai pas un geste qui pourrait faire plus de mal que de bien à cette pauvre femme.

Mon mari argumente en faveur d'un bon geste de ma part mais ne fait que me dérouter, lui si cartésien.

— Si, toi, tu doutes de ta rencontre avec le commandant, imagine ses proches... Quelqu'un d'entre eux est-il médium ? Il doutera toujours de la vraisemblance d'une telle rencontre, si cela lui arrive... Il croira que c'est son chagrin qui lui fait voir un fantôme. Ou, encore, que c'est pour se singulariser aux yeux des autres... Ou, mieux, qu'il est devenu complètement cinglé et aura peur de se faire enfermer.

— Et moi ? Je passerai aussi pour une espèce de folle !

156

J'ai l'impression de nager en plein burlesque.

Mon mari pouffe et surenchérit en me voyant si indécise et ébranlée.

— Tu n'as aucune chance de rencontrer jamais ces gens-là. Cesse de te tourmenter et agis. Ou bien, n'en parle plus. Tu me fatigues.

Je cherche encore à analyser. Adrien me fait taire d'un geste de la main, balayant tous mes scrupules.

— Accepte-toi donc. C'est la première fois la plus difficile...

Comment ? Depuis ma plus tendre enfance que je soupèse le pour et le contre, jamais satisfaite, jamais centrée sur moi-même. C'est difficile de se vaincre d'un seul coup.

Un peu plus tard, seule, je tente une expérience stupide. Je monte mes vibrations en faisant taire tous mes scrupules et mon bon sens et j'adresse cette muette supplique au commandant Scobee.

— Vous, le feriez-vous si vous étiez à ma place ? Bien sûr que non. Vous trouveriez cela beaucoup trop extravagant, hein ?

Dans mon esprit, une réponse fait jour instantanément, que je m'attribue, naturellement.

— Chacun son métier. Il n'y en a pas de sot.

J'écarte encore l'idée d'écrire à madame Scobee, je ne suis pas prête. On ne m'a pas convaincue.

Quelques jours s'écoulent. Le six février suivant, je fais un rêve étrange ou un voyage que d'aucuns, sans hésitation, qualifieront d'astral.

Une rencontre étonnante. Il s'agit de la professeure astronaute, je la reconnais bien, Christa McAuliffe du New-Hampshire.

157

Elle est solitaire sur une plage très étendue et je la « vois » qui tente de rassembler des papiers éparpillés tout autour d'elle. Je la sens engagée à poursuivre son travail, malgré cette tragédie qu'elle porte et qu'elle n'accepte pas. Je lis en elle comme dans un livre ouvert. Bizarre comme impression.

Elle pleure. Non qu'elle soit désemparée, mais plutôt très en colère contre le sort.

J'ai pitié et m'adresse à elle.

— Tu es morte. Tu ne le sais donc pas ? Oublie ce travail. Laisse tes papiers. Cherche la Lumière. Je vais prier pour toi.

S'arrachant à son patient travail, elle se redresse et me toise. Fort en colère, elle m'apostrophe.

— Toi ? Incapable de remplir ta promesse faite au commandant, comment faire confiance à tes prières ?

J'ai honte devant ce petit bout de femme si déterminée, si vaillante dans la grande adversité. C'est vrai que je suis lâche, que je souffre de pusillanimité, que j'ai sans cesse peur du jugement des autres. Elle a raison, le sait et se détourne de moi.

Voyant qu'elle s'apprête à continuer son inlassable besogne, je m'enhardis à lui poser une question. Elle s'adoucit. Peut-être « voit-elle » aussi ma disposition d'esprit et mon combat intérieur.

— Où sont les autres astronautes ?

— Ils dorment encore. Seuls le commandant et moi-même sommes éveillés. Saisis-tu ?

— Oui.

Je retombe dans la réalité, le visage baigné de larmes. Les siennes et les miennes mêlées ensemble. J'ai si honte ! Comment a-t-elle fait pour éveiller en moi de si

158

pénibles sentiments et une telle clarté sur mon caractère d'indécise ? Je n'ai jamais rien lu sur elle, et jamais ne m'y suis intéressée une minute. Alors ?

Je ne perdrai plus une seconde. Dès mon réveil, je saisis mon papier et ma plume, écrivant fébrilement ce que mon coeur contient depuis des semaines et qui lui tarde tant de donner.

J'expédie la lettre à madame Scobee le jour suivant où j'ai « rencontré et vu » Christa McAuliffe. Après, je me dépêche d'oublier « ma folie » et de passer aux choses sérieuses de la Terre.

*

La même journée, après avoir posté ma lettre, commence un curieux manège dans la fenêtre de mon salon. Là, où je me tiens pour rédiger mes articles et colliger mes papiers.

Un petit oiseau, un jaseur des cèdres, vient picoter frénétiquement contre la vitre. Au début, je n'y prête pas trop attention, il a dû se tromper d'adresse, me dis-je. Sa nourriture est ailleurs, il est perturbé par quelque chose ou fou lui aussi...

Il n'en continue pas moins son inquiétant mouvement, allant du bosquet à la fenêtre sans répit. La journée se passe et j'entends toujours le bruit ininterrompu de son bec qui se frappe contre la vitre ; cela finit par m'énerver.

À Solvène et Adrien, le même soir, je raconte l'incident, les invitant à prêter attention au phénomène.

Le même petit bruit, un peu moins fort. Puis, la nuit venue, il cesse.

159

Le lendemain, le surlendemain et les jours suivants, l'oiseau n'arrête pas son surprenant manège.

En désespoir de cause, je lui porte de l'eau, du pain beurré d'arachide, rien n'y fait. Me voyant, il s'éloigne un peu, puis revient becqueter dans la vitre, dès que je suis rentrée.

— Le plus étrange, dis-je à Adrien, un soir suivant, c'est qu'il s'est mis à me suivre maintenant à travers la maison, comme s'il ne voulait pas me perdre de vue. Demain, tu pourras à loisir observer sa conduite absurde. Moi, je trouve intolérable d'écouter ce bruit obsédant des heures durant. Heureusement que j'ai des courses à faire et quelque travail de journalisme qui m'amènent à le fuir, sinon je deviendrais cinglée.

C'est samedi. Le mois de mai. Il fait un temps splendide. Les fleurs commencent à éclore et les fenêtres restent ouvertes jour et nuit, mon petit jaseur des cèdres, fidèle à son rendez-vous, est là dès que le jour paraît.

— Faites attention de ne pas le déranger et observez-le, dis-je à Solvène et Adrien. Vous allez constater que je n'ai rien exagéré.

Il vient, fidèle à son absurde rendez-vous !

Toute la journée, Solvène et Adrien ont suivi des yeux le petit jaseur dans sa folie. J'allai prendre une douche, il vint dans la fenêtre de la chambre de bain jusqu'à ce que je la quitte. Eux aussi ne peuvent que constater l'illogisme de l'oiseau.

Adrien, agacé, finit par mettre une grande feuille de papier pour boucher la fenêtre, l'oiseau change immédiatement de vitre, allant frapper dans l'autre.

Une huitaine de jours plus tard, quand une amie me visite, je raconte notre étrange aventure et une partie

160

du mystère s'élucide. Elle écoute attentivement, puis me fait une remarque surprenante.

— Toi, si croyante ! Tu me surprends. La Bible dit que les oiseaux sont de petits messagers. J'ai lu ça. Dans la Bible ou ailleurs, ça n'a pas d'importance, mais moi je crois à ce mythe. Il doit avoir quelque chose de très important à te dire et toi, tu ne saisis pas. Alors, il continue, il s'entête et continuera jusqu'à ce que tu trouves la réponse.

— Mais, c'est affolant ! Et, si je ne trouve pas ?

— Tu serais mieux de te creuser les méninges. Ce doit être bigrement important ce message pour qu'il perde l'appétit et son instinct de survie... Il répond sûrement à un ordre de quelqu'un qui le dirige... Réfléchis...

Elle me laisse avec ce conseil qui ressemble plus à un avertissement. Me voilà plongée dans les hypothèses les plus farfelues. Suis-je si bornée qu'un oiseau ne peut venir à bout de mes résistances mentales à accepter l'invisible ? Me voici bel et bien confondue, face à mon vieux dilemme intérieur : ne pas reconnaître franchement que je suis douée de facultés médiumniques extraordinaires parce que je n'aime pas le fait, voilà tout.

Durant quinze jours cet idiot d'oiseau se conduira contre sa nature, défiant toute logique et je n'accepterai pas de comprendre, tentant de me persuader que nous sommes, l'oiseau et nous trois, tous devenus cinglés.

La quinzième journée, le facteur m'apporte une lettre avec le sceau de la NASA. Madame Scobee me remercie de ma bonté dans son extrême malheur. J'avais pourtant rêvé de cette lettre deux jours avant, mais, comme d'habitude, j'avais repoussé l'évidence.

161

Dès que j'ai en main la précieuse lettre, l'oiseau disparaît et ne reviendra pas. D'autres jaseurs sont là, ils ne cessent de pépier, mais le phénomène est fini, ceux-là se conduisent comme des volatiles et non comme des anges porteurs de messages de l'Au-delà.

Les perceptions extrasensorielles sont reconnues maintenant possibles pour les humains, peut-être est-ce aussi naturel pour les animaux qui ont également des vertus de communication autres.

Une pensée continue de me hanter : est-ce oui ou non le commandant Scobee qui, grâce à des pouvoirs que nous ignorons sur Terre, a pu se servir de ce petit oiseau pour m'éveiller à une autre réalité que je repousse parce que je la trouve invraisemblable? Je laisse présente cette interrogation dans mon subconscient, confiante que dans un proche avenir j'aurai enfin une réponse qui calmera mon esprit : cet inquisiteur pointilleux.

*

Quelques jours plus tard, poussée par une intuition profonde, mes pas me dirigent vers la bibliothèque municipale. Les livres sont depuis toujours mes plus fidèles amis, apportant souvent des réponses à mes nombreux questionnements. Le lien unissant l'auteur à son lecteur n'étant pas autre chose que de la communion profonde d'esprit. C'est pourquoi on ne peut et on ne doit pas écrire n'importe quoi, mais assumer en totalité son écriture. Le livre doit faire grandir l'autre et non le rapetisser ou l'emmener à agir à son détriment.

On semblait vouloir m'inviter à trouver ici des explications. On guidait mes pas. Le mystère entourant la catastrophe de Challenger était trop intense, trop difficile à porter, il me fallait aller au bout, même si cela s'avérait une tâche herculéenne à entreprendre. Qui donc me poussait dans cette voie ?

En me promenant à travers les différentes allées, je regarde brièvement le contenu des rayons et me dirige toujours comme téléguidée vers les suivants.

Me voici dans celui de la physique. Seigneur ! J'approche de l'étagère, hésitante.

Un livre dépasse légèrement les autres. Je m'en saisis. Il s'agit d'un traité de physique et de philosophie écrit par J. E. Charron, dont le titre est : « Mort, voici ta défaite ».

Il est pour moi. L'évidence ne fait pas de doute dans mon esprit. Je l'emporte, même si je n'ai nullement la prétention d'en comprendre ne serait-ce que le tiers.

À la hâte, comme à un rendez-vous d'amoureux, je rentre chez moi et m'installe immédiatement pour lire ou tenter de le faire.

Surprise ! A priori ce qui me rebutait devient rapidement passionnant. Son auteur explique que tous les humains sont composés de milliards d'ions qu'il surnomme « éons ».

Charron soutient que chaque éon compose l'intelligence, voire l'esprit de l'ion, il serait son âme.

Dans mon dictionnaire, où je vais chercher de l'aide, je lis : « se dit chez les gnostiques, des puissances éternelles émanées de l'Être suprême et par lesquelles s'exerce son action sur le monde. »

« Cet éon, poursuit Charron, invisible à l'oeil et au microscope, serait l'étincelle divine, de par son essence et son mouvement alternativement action-repos.

163

Pouvant se suffire par lui-même indéfiniment, l'éon est immortel et éternel. Doué d'une parfaite intelligence, il ne connaît pas les frontières de l'espace et du temps, étant guidé par l'amour seul, son unique véhicule. »

Mais, la théorie la plus séduisante de Charron repose sur le concept que « seul **l'amour désintéressé** donc **pur** peut mener à l'infini. Et, que dans cet infini peuvent se rencontrer les éons dans une condition autre que l'atmosphère où l'on se meut sur Terre.

En outre, cette rencontre de l'invisible des « supravivants » se fusionne dès que la condition essentielle est respectée, satisfaite, c'est-à-dire que l'amour est présent donc vivant et, serait, par le fait même L'UNIQUE CLÉ. »

Il n'en existerait aucune autre, selon l'auteur.

Exaltée, je jubile. Ai-je là trouvé ma réponse ? Frémissante d'espoir, je poursuis courageusement ma démarche.

Toujours selon le chercheur, des superhommes connaissent cette loi universelle.

Ces connaissances extraordinaires, me semble-t-il, ont dû être enseignées aux cosmonautes, ainsi que tous les rudiments de la médiumnité. Mais, seul un petit nombre peut expérimenter. Probablement la capacité de communiquer n'est-elle pas aussi simple pour tous et comme sur Terre, d'aucuns sont plus doués que d'autres...

Plus j'avance dans la théorie de Charron et plus j'ajoute foi à ses conclusions. Il me semble avoir trouvé la clé de l'énigme, enfin ! Combien veulent ou peuvent arriver à cet aboutissement d'eux-mêmes ? Cela ne demande-t-il pas beaucoup d'abnégation ? Le rejet de l'ego lui, peut-il se faire à perpétuité, sans dommages ?

En résumé, je suis forcée de conclure que les éons du commandant Scobee ont rejoint les miens et que les conditions pour une telle fusion ont été réunies fortuitement, malgré mon ignorance d'une telle possibilité.

Si ces explications rationnelles me satisfont pleinement, car j'y ajoutent foi et joie en plus de l'amour gratuit, mariage nécessaire pour parvenir à l'état de grâce, des lecteurs trouveront aussi ces réponses venir s'accorder parfaitement avec leurs recherches personnelles, dénuées de mercantilisme et de pouvoir personnel. Conditions aussi essentielles que définitives.

Puis, au fil des jours, je continue mes recherches et lirai encore dans un autre bouquin que les astronautes sont préparés à faire face à toutes éventualités, qu'elles soient de nature extrasensorielle ou autre.

Ces femmes et ces hommes deviennent des super-hommes et des super-femmes et nous ne sommes pas loin des mutants dont parlent Bergier et Pauwell dans le livre éveilleur d'esprits : « Le matin des magiciens. »

J'ai fini mes investigations, pour le moment. Mais, j'en sais assez, de concert avec Adrien, pour conclure que les astronautes ont été formés pour avoir le cerveau froid et rapide, mais aussi pour se servir de tous les pouvoirs que le modernisme emmène avec lui en battant pavillon cosmique. Seraient-ils vraiment les mutants de l'ère atomique ?

Étant de nature franche et spontanée, j'ai toujours lutté contre la fabulation, les illusions, l'imagination malade, jugeant tout cela mauvais et dangereux pour l'équilibre mental et physique. Ma crainte de me tromper

165

et de nuire aux autres est ma meilleure garantie d'honnêteté.

Je n'ai jamais cherché ces manifestations insolites, mais la recherche de Dieu et de Sa Vérité m'a toujours obsédée. Ces événements sont venus comme des preuves existentielles du Royaume des Cieux et maintenant je pourrai, tranquille et rassurée, poursuivre mon chemin en ne cessant jamais de chercher, avec l'infinie certitude d'avoir déjà trouvé...

Seule, une question demeure : Est-ce le commandant Scobee qui, depuis le début, a guidé l'oiseau, mes pas, le livre... ? Comment cela se peut-il ?

Je ne perds pas espoir. Un jour, je saurai. On m'instruira encore. Il y a tant à découvrir dans le domaine mystérieux de l'esprit.

En attendant, je suis plus confiante en mes capacités extrasensorielles et je continue dans ma démarche d'acceptation, malgré de nombreux écueils et des doutes sains. Étant née chercheuse, je ne cesserai jamais de me poser des questions et de me documenter. J'aime la vérité où qu'elle se trouve et, je n'hésite pas à corriger mon itinéraire si je me trompe et à reprendre la route sous la tutelle de l'exigeant maître qu'est Dieu dans la recherche de Soi.

C'est en compagnie de Solvène que je vivrai un autre fait particulier qui vient s'ajouter à la liste des précédents et qui amène ma fille à voir maintenant la vie différemment.

Solvène et moi, nous revenons du centre d'achats. La pluie tombe finement, sans interruption. Le ciel est bouché, mêmes les oiseaux y sont absents et un voile de brouillard flotte dans l'air, accompagnant le crachin. La voie est libre et je roule tranquillement.

Solvène regrette ne pas avoir assez d'argent pour s'acheter tout ce dont elle a une irrésistible envie, elle m'en fait part.

— J'enrage. Je voudrais avoir terminé mes études et obtenir un travail gratifiant et très lucratif. Si tu savais, maman, comme j'ai hâte de voyager partout dans le monde et m'acheter tous les beaux vêtements que je vois dans les vitrines des magasins. J'ai peur d'être une acheteuse compulsive...

Je ris, attendrie.

— Alors, moi, je suis un médium compulsif. Consolons-nous...

Maladroitement, j'essaie de tempérer ses ardeurs vestimentaires et son dépit de ne pas posséder tout un arsenal de coquette, dès à présent. De lui montrer l'important.

— Essaie, ma chérie, de ne pas penser essentiellement qu'au matériel. C'est secondaire, au fond, ces choses. Elles viendront bien, un jour. En attendant, il y ton âme. Ton esprit. Tout un travail à faire de ce côté. N'est-ce pas ? Puis, c'est tellement valorisant de se sentir grandir en dedans et non seulement du dehors.

Alors que je suis en train de parler, soudain, une chose impossible survient.

Dans le rétroviseur, pendant que j'ai le souci de conduire prudemment, je vois, en jetant un coup d'oeil, un énorme soleil qui semble disparaître tranquillement au-dessous de l'horizon. Incroyable, me dis-je, il pleut ! Il est midi. Cet objet est énorme. Pourtant cela ressemble au soleil, c'est à n'y rien comprendre.

J'entends, comme un écho lointain, la voix effrayée de Solvène.

— Maman ! Qu'as-tu ? Cesse de regarder vers l'arrière. Maman, qu'est-ce que tu vois là ?

Je l'entends faiblement et me surprends dans l'incapacité de lui répondre. J'essaie d'ouvrir la bouche : impossible. Tout se passe comme dans un rêve quand on essaie de parler et qu'aucun son ne passe. Je continue de fixer l'invraisemblable soleil qui disparaît lentement derrière la ligne de l'horizon. Si je conduis, je n'en ai nullement conscience. Je sais seulement que l'auto avance sur la route et qu'elle ne dévie pas de son chemin. Solvène est très effrayée, elle continue de m'interpeller et ce n'est qu'après plusieurs secondes que je peux lui répondre en faisant un effort inouï.

Solvène, regarde vers l'arrière !

Elle se détourne vivement, déçue.

— Mais, il n'y a rien maman. Sauf la pluie, les nuages, la route, la montagne au loin.

Sa voix est suppliante.

Je fais un effort pour lui sourire, toute remuée.

— J'ai vu Solvène un énorme soleil qui se couchait, je n'y comprends rien. J'ai dû rêver l'espace d'un instant. Pourtant...

Solvène me fixe, elle est fâchée et s'écrie :

— Mais, pourquoi ne pas m'avoir dit ? Tu étais là, immobile. J'ai eu si peur, maman ! Il me semble que cela a duré des minutes...

Je me fais rassurante, me concentrant sur la conduite de la voiture, pendant que mes jambes sont molles et mon coeur affolé.

— J'aurais tellement voulu que tu voies aussi, mais j'étais incapable d'ouvrir mes lèvres, j'essayais pourtant...

Solvène est inquiète.

— Maman, tu devrais consulter. Cela ressemble à des hallucinations. Tu es étrange !

Je vois bien qu'elle doute de ma raison, cela me cause du chagrin. Faut-il qu'elle aussi ?

Je contrôle ma voix, prenant un ton assuré, confiant.

— C'est un domaine mystérieux, ma petite fille. Ce n'est pas la première fois, Dieu m'est témoin, et ce ne sera pas la dernière, j'en ai bien peur. Sauf, qu'il m'a fallu toute ma vie pour admettre cette particularité chez moi et avoir confiance. Je traiterai ce fait aujourd'hui comme les autres avant, de façon anodine. Me disant, qu'après tout, on ne connaît pas grand-chose de l'univers et que les événements qui nous paraissent si excentriques ne sont peut-être que des faits banals dans le reste du cosmos. Si tu savais comme j'ai consulté de gens...

Je sais que Solvène est triste de ne pas avoir « vu » et déçue de ne pas partager cela avec moi, je n'y peux rien. Comment lui faire comprendre que je ne suis jamais certaine que ce que je vois est réel ? Comment lui dire que toute ma vie j'aurai navigué entre la joie et l'angoisse à cause de toutes ces expériences mystérieuses ? Comment lui exprimer qu'intuitivement c'est ma foi profonde qui « accepte » ces faits et non des incidents dus au hasard et comment lui dire que ces explications ne sont pas en moi des vérités absolues mais des hypothèses rassurantes ? Mais, que la vérité se trouve probablement à mi-chemin entre toutes ces suppositions. Comment lui enseigner qu'enfants on nous faisait réciter le Credo en disant : « Je crois au monde visible et invisible » en supposant que ce monde invisible existait ? Comment lui exposer une autre vérité et pourquoi l'Église a-t-elle retranché l'invisible du sein de Dieu ? Ah, ces mystères !

Comment lui témoigner que ce matin même, j'ai lu dans l'Évangile de Thomas le logion no. 82 : « Celui qui est près de moi est près de la flamme et celui qui est loin de moi est loin du Royaume » ?

Comment lui communiquer tout cela ? Je ne conclus rien, j'observe et je vis. Mais, je continue à croire que rien n'arrive fortuitement et inutilement et que tout sert à la Gloire de Dieu, pour édifier la foi de l'être humain. Le faire grandir. L'amener à croire à un monde autre après la « mort » parfait et éternel.

— Ne crains rien, Solvène. Je ne suis pas dérangée, loin de là. Un jour, à l'heure fixée, je saurai, nous saurons tous.

En attendant, la peur ne fait presque plus partie de moi et la mort m'apparaît de moins en moins cruelle

170

et inacceptable. Tranquillement, on m'instruit, on me dit qu'elle est nécessaire et bonne et en définitive juste une étape de plus vers la réalisation de Soi.

Solvène est repartie une autre fois et ne reviendra pas de sitôt. Elle m'a avertie, le ton hautain.

— Tu es trop sévère ! Pas le droit de goûter à un joint, de coucher quand j'en ai envie, tu contrôles mes sorties, mes entrées. Je retourne là-bas, eux sont conciliants et me laissent agir selon mes goûts. C'est ma vie ! J'ai le droit de la vivre à ma manière !

Adrien n'a pas réagi, il ne s'en mêle plus. Entre notre fille et lui, c'est la guerre froide depuis qu'elle est revenue. L'air d'affranchie qu'elle se donne déplaît à son père à un tel point qu'ils ne sont plus capables de s'adresser la parole sans hausser le ton et se regarder comme des chiens de faïence.

Cette fois-ci, je suis allée la reconduire à Mirabel sans larme, presque sans émotion ; je suis fatiguée des scènes éprouvantes. Nous attendions tranquilles, presque sereines, l'annonce de la partance de l'avion pour Copenhague, quand, à brûle-pourpoint, elle m'a dit d'une voix ferme ces derniers mots qui ont laissé leurs marques au fer rouge.

— Maman, je te suis très reconnaissante de tout ce que tu as fait pour moi, mais à présent, laisse-moi vivre ma vie comme je l'entends. Ne t'interpose plus dans mes désirs. Nous n'avons pas la même vue, surtout à longue distance. J'ai seize ans quand même !

J'ai acquiescé, sans mot dire. Elle a sans doute raison. À seize ans, n'étais-je pas moi-même un numéro difficile à manier.

Elle a failli à ses études pré-universitaires, parce qu'elle était plus dans la rue que sur les bancs de classe et elle est déçue d'elle-même. Malgré tout, je garde espoir qu'elle se reprendra là-bas et qu'elle sera fidèle à tous ses rêves. Aussi, je ne lui tiens pas rancoeur. Je l'embrasse de toute mon âme avant de la laisser s'échapper loin de moi et, longtemps, je regarderai l'avion qui n'est plus qu'un point dans le ciel bleu et rose où courent de larges bandes de nuages, avant de regagner notre maison d'Outremont.

*

Adrien est là, il m'attend et me scrute, anxieusement. Je lui souris vaillamment et me blottis dans ses bras.

— N'aie aucune crainte, tout s'est très bien passé. Elle marchait de son pas assuré, la tête haute en montant la passerelle et lorsqu'elle m'a envoyé la main, elle avait ce sourire angélique qui séduit les plus coriaces. Elle fera son chemin. Je lui garde toute ma confiance.

À son air, je vois qu'il est contrarié, il se tait et me quitte. Il est déçu et a du chagrin, je le comprends.

De la cuisine, il me crie.

— Tu veux un scotch ?

— Tu sais bien que je ne bois pas.

Prétexte pour s'en verser un, Adrien ne s'est jamais habitué à boire en solitaire. Mais, quand il est malheureux...

173

Il revient, un peu penaud.

— J'ai un aveu à te faire. Je repars. Je suis obligé de te laisser. Je reprends l'avion, demain, pour quelques jours. Des affaires urgentes en Amérique du sud...

— Ah oui ?

Me voici a demi indifférente. Je ne souffre presque plus. Ils peuvent me quitter tous. Au fond de moi il y a maintenant, de façon quasi permanente, un état de grâce qui m'anesthésie.

Je sais que mon travail, ma musique, mes méditations, mes prières seront mes palliatifs, de vrais pare-chocs et qu'en compagnie de ma vieille chatte, nous ferons une paire d'as épatants. Je rassure Adrien d'un sourire et d'un baiser amoureux.

Il y a longtemps qu'il n'a pas bougé. Je dois le rassurer, l'aimer, le consoler.

— Pars, et sois tranquille. Je suis maintenant une vieille petite fille courageuse. Elles sont finies mes luttes intérieures. À l'exemple de Solvène, je dois dire : « c'est ma vie ! »

Toutes ces années de mystères, de doutes, de rejets et de peurs en ce qui regarde les mondes invisibles et, paradoxalement leurs effets pourtant bénéfiques sur ma vie, tous ces événements des dernières années m'ont laissée semblable à une rivière, tantôt tumultueuse, tantôt totalement apaisée. S'il est vrai qu'à l'automne de la vie, on voit les choses plus sereinement, moins passionnément, c'est certes ce qui est en train de m'arriver. Je suis devenue un vrai paradoxe vivant : résistante et abandonnée à l'intérieur, sans arriver à savoir pourquoi et de qui je peux avoir conquis une victoire, si ce n'est de moi-même. En tout cas, je suis bien placée pour savoir qu'on

174

ne doit jamais se rebeller contre sa propre destinée, car elle nous rejoint toujours malgré qu'on fuit devant elle.

Cette nuit-là, à la veille d'un départ pour Québec où on m'envoie comme journaliste pour un bref reportage, je succombe, malgré moi, à de profondes réflexions pessimistes. La tristesse et le doute m'envahissent et je me mets à pleurer, puis à sangloter. Le plus fort de ma peine est qu'il me semble entraîner mon mari et ma fille dans les méandres de mon esprit et dans des actions qui leurs seraient totalement étrangères si je n'étais pas dans leur vie. Est-ce la raison pour laquelle ils me quittent si souvent ?

Puis, mes nombreux écrits sur mes expériences extrasensorielles, qui les croira ? Dois-je ou non continuer de les rédiger ? Comme j'aimerais avoir un tout petit signe. Savoir si oui ou non il me faut aller de l'avant...

Je pleure tout doucement, sans toutefois me laisser emporter dans une douleur irraisonnée, comme si j'attendais qu'on vienne me consoler.

Dans un geste impulsif, je renverse la tête vers l'arrière de mon lit et mes yeux se fixent un bref instant sur le livre de Jean-François Six : La vie de Thérèse de Lisieux. Sans réfléchir, ou peut-être m'invite-t-on à le faire, je lance mentalement un appel au secours : « Aidez-moi, je suis fatiguée de me combattre ! »

Après cette pensée, je cesse toute activité mentale, apaisée.

Il ne se passe pas beaucoup de temps, devant mes yeux fermés, soudainement, surgit une image. La vision est fulgurante et le plus étrange, le plus déconcertant

175

c'est lorsque je vois bouger cette chimère. Comme si mes yeux étaient grands ouverts.

Je regarde, tout mon intérêt mis en alerte.

Je vois distinctement une forme blanchâtre, laiteuse, d'apparence conique. Elle se met subitement à tournoyer de plus en plus rapidement, tournant sur elle-même, de son centre s'échappent comme de petits rayons plus lumineux qu'elle-même.

Tout est vibrations, je le sais. Mais entre le savoir et le voir, il y a tout un monde que je n'avais jamais franchi. Plus sa vitesse augmente, plus j'ai l'impression de voir une toupie tourbillonner à une vitesse effarante.

Puis, je distingue d'abord deux petits pieds, pointus comme ceux d'une ballerine et, immédiatement après, le cône prend une apparence humaine. Je sais « qu'on » me regarde et « qu'on » est souriant, mais je ne distingue aucun trait, fort curieusement. J'observe encore que la vitesse diminue graduellement, à mesure que s'effectue la transformation sous mes yeux ébahis.

Est-ce un rêve ?

Je voudrais me pincer, mais je n'arrive pas à me toucher. J'ai l'impression d'habiter dans un corps qui ne répond plus à mes désirs. Tout est raide, figé. Sauf que je ne ressens aucune douleur, aucune frayeur. Je suis même très détendue, très bien.

J'essaie de parler, aucun son ne sort. Pourtant, à l'intérieur de moi, je sais que je peux m'exprimer. Quelle est donc cette étrange sensation ? Je n'ai plus de soucis, plus de chagrin, seul un intense désir de rire, de devenir insouciante.

Je continue à observer cette « femme » attentivement, elle remue les lèvres, m'invitant à l'écouter.

176

Après, elle me fait un signe, comme pour me signifier: « suis-moi ».

Toujours au niveau des pensées, je dis « non ! »

Je résiste fermement, étonnée de constater que je peux penser tout en gardant entièrement mon libre arbitre et ma volonté. Je lui explique.

— Je suis de plomb. Fatiguée, incapable de dormir, comment pourrais-je devenir légère, capable de venir près de toi? Cela n'a aucun bon sens !

Elle ne se décourage pas. J'écoute encore ce qu'elle veut me faire comprendre.

— Fais comme moi, contrôle tes respirations.

— Je ne peux pas. Je suis trop excitée par tout ça.

— Tu as peur ! C'est autre chose. Tout te paraît exagéré, invraisemblable, avoue.

— C'est vrai.

J'ai l'impression d'avoir crié et que ma voix a tremblé.

Elle revient à la charge.

— Je vais t'aider. Laisse-moi faire.

Je sens mon coeur battre follement, je m'effraie et me décourage. Jamais je ne pourrai comprendre ce qu'elle attend de moi. Contrôler ma respiration, elle en a de bonnes, elle !

Patiente, elle persiste.

— Abandonne-toi, je vais le faire à ta place. Ce sera léger et sans douleur.

Son ton rempli d'une immense tendresse me fait un bien intense, je laisse tomber ma résistance et l'effet ne se fait pas attendre.

— Voilà, comme cela. Une longue et une courte. Trois longues... et ainsi de suite. Doucement, avec joie.

Elle a raison. Je décroche soudainement, me sentant libre, comme s'il venait de me pousser une paire d'ailes.

Elle rit et je fais comme elle.

— Non, tu n'as pas d'ailes. Que veux-tu ? Pourquoi m'avoir appelée ? Tu dois bien avoir des désirs...

Je réponds, sans l'ombre d'une hésitation.

— La joie ! Je veux la joie ! Je veux rire, redevenir enfant et me reposer.

— Alors, suis-moi, nous partons.

Je ne la vois plus, mais je la sens près de moi qui guide mon envol. Car « je vois » et « je sais » que nous sommes dans un espace qui n'a pas de fin... sans la couleur du firmament, neutre.

— Où allons-nous ?

— Où tu voudras.

Voici que nous descendons lentement, je vois en bas un village où il y a des lumières puis, tout près, d'énormes bottes de foin. Je n'en ai jamais vu de si grosses et de si curieuses formes. Nous atterrissons dedans et nous sautons et rions longtemps telles deux enfants, jusqu'à ce que ce jeu ne m'intéresse plus.

— Je suis lasse.

— Allons ailleurs.

Ici, tout est brun et pauvre. J'ai l'impression que nous avons reculé dans le temps, mais n'en souffle mot, sachant qu'elle peut lire en moi.

Nous filons voir les étoiles de près. C'est mon désir, elle le sait.

178

Plus nous approchons, davantage elles me font penser à d'immenses blocs de glace et ne m'intéressent plus, nous redescendons.

Une ville m'attire au loin. À mesure que nous approchons, je distingue que son éclat est dû à l'or qui l'auréole. Cette ville est faite d'or ! Nous descendons jusqu'au parvis du temple. Là, nous allons à travers une foule bigarrée, qui ne s'occupe pas de nous, nous frôlant sans y prendre garde.

Je n'ai pas envie de cet or et de ce temple, ni de ces gens qui n'ont rien à voir avec ma recherche.

Puis, nous irons encore « dans le temps » voir une femme et son fils. Lui, travaille dans un atelier, au centre de la campagne d'où s'échappent des odeurs familières de bois. Il y fait beau, l'air est doux. J'aime. J'écoute cet homme que je ne peux voir. La femme, avant de venir avec nous, était assise sur le seuil d'une humble demeure où elle semblait travailler sur un tout petit métier et, au salut de mon accompagnatrice, elle a tout laissé pour nous suivre et nous montrer le chemin où était son fils.

Il nous a parlé de l'univers et des éléments qui le composent. De la connaissance acquise par ce même univers et des trésors de savoir qu'avaient le vent, les animaux, la nature en général. « Toute la science est là, il suffit de l'écouter parler, de s'instruire en sa présence. »

L'entendre est en soi une musique. Ses paroles sont simples, je sais qu'il dit la vérité. Je resterais ici, j'y suis bien, mais je sens qu'il me faut revenir, qu'il est temps de repartir, cela m'attriste.

La voix se tait, la brise aussi et les oiseaux cessent leur doux babillage quand je me vois fortement rejetée dans mon lit.

Plus éberluée qu'étonnée, et croyant surgir d'un rêve intense, il se produit alors tout près de mon oreille droite un intense sifflement strident. J'ai fortement la sensation qu'un petit cylindre vient de tomber près de ma tête, aussi à ma droite. Je passe ma main, il n'y a rien. Mais, qu'est-ce que je viens de vivre, me demandai-je, ébranlée par ces deux derniers incidents.

C'est alors que je vois, les yeux bien ouverts cette fois, un mince filet de lumière dorée traverser la fenêtre de ma chambre et aller se perdre dans la nuit.

Je jette un coup d'oeil à ma montre après avoir allumé la lampe de chevet, il est quatre heures du matin. Plus de trois heures se sont écoulées depuis que j'ai levé la tête vers le livre de Thérèse. La pluie tambourine contre les carreaux...

Elle m'a quittée juste avant que je retombe lourdement, je me souviens. J'ai eu le temps de lui crier : « Qui es-tu ? »

Elle a dit simplement : « Thérèse ».

Puis, elle ajoute, comme un conseil ou un avertissement : « N'oublie pas d'apporter ta robe blanche ! ».

Je partais dans quelques heures pour Québec. Pourquoi apporter une robe blanche ? En novembre ?

Je garde dans mon coeur l'étrange expérience. Et, si c'était vrai... Ce que d'aucuns nomment un voyage astral... ou quoi d'autre ?

*

Mon mari est revenu, toujours aussi intéressé, vigilant. Je me suis empressée de tout lui raconter, une fois de plus. Encore aujourd'hui, il trouve les mots pour consoler, pour expliquer...

— Tu as vécu un voyage dans l'espace, en esprit. J'ai vu dans les bouquins que cela était possible pour certaines personnes averties. Ils n'attendent pas la mort, eux, pour aller voir... Les chanceux ! Sais-tu que tu es très privilégiée ?

— Tu plaisantes ?

Adrien est sérieux, il a une mine grave, le front soucieux et m'examine comme si subitement il avait en face de lui une étrangère.

— Je ne partirai plus, jamais. Tu as besoin de moi. Je suis coupable de t'abandonner tout le temps.

— Non ! Cesse. Il ne faut pas. Je suis en sécurité. Jamais « on » ne m'a voulu du mal, tu le sais bien...

Pour rien au monde je ne voudrais qu'il se fasse du mauvais sang, loin de moi. Malgré les distances, nous nous sommes toujours promis d'être heureux, en attendant que l'autre revienne.

Il reste soucieux, je le vois bien. Puis, me fait une proposition que je suis toute prête d'accepter, mais me récuse à la dernière minute.

— Viens avec moi, ne reste plus seule ici. Maintenant que Solvène est repartie, plus rien ne t'attache à la maison. Laisse ton travail, j'ai assez d'argent pour deux.

Il se fait suppliant.

— Je serais moins inquiet...

— N'insiste pas. J'ai mon travail de pigiste et d'écriture que j'aime. Va, toi. Vaque à tes affaires sans penser que je pourrais être, sans ta présence, dans le pé-

181

trin. Je refuse de continuer ma vie sur le qui-vive. Un jour, j'aurai finalement le fin mot de mon histoire et ce jour-là, nous fêterons ensemble. Promis ?

Cette nouvelle expérience s'est passée la nuit après notre conversation. Adrien venait de partir.

Un sommeil lourd, sans rêve, m'a emportée rapidement dans le pays des songes, j'ai dormi d'un seul trait jusqu'à deux heures du matin. Quand, soudainement, je me réveille comme si le jour était arrivé et me devine immédiatement transportée à une immense vitesse, comme si je me trouvais à bord d'un avion supersonique. La rapidité avec laquelle je me déplace m'étonne mais ne m'effraie pas. Là où je suis maintenant, cela est tout à fait naturel.

Je me trouve catapultée, sur-le-champ, dans un espace où l'horizon n'existe pas. Je regarde autour de moi, vivement intéressée, et ce que je vois est un tableau vivant. Des gens sont groupés comme au hasard, parlant et riant entre eux. Habillés à toutes les modes. J'ai l'impression d'assister à plusieurs pièces de théâtre en même temps. Le paysage vivant s'étend à une infinie profondeur...

Tout est lumière, j'ai l'impression que l'air est joyeux tellement les sensations le sont aussi. Je constate également que les gens qui se parlent entre eux ne semblent ni pressés ni stressés ; ils ont tout leur temps.

Moi, je vis comme si j'étais suspendue au-dessus de ce monde et je m'attarde à le contempler.

Puis, je descends lentement, quand aussi soudainement qu'imprévisible, arrive en trombe une sorte d'engin dont je n'ai jamais vu aucun prototype nulle part. Il a une forme triangulaire tout le tour et file à une vélocité

182

incroyable. Je ressens une très grande crainte, j'ai peur que ses cabrioles le fassent exploser. Quand je le vois culbuter en frôlant le sol et que j'entrevois aussi le visage du pilote me regarder en riant aux éclats, je sais qu'il se joue de mes frayeurs enfantines.

Je m'écrie :

— Arrêtez ce fou ! Il va se tuer !

Mais rien ne le freine. Les autres, d'ailleurs, ne semblent pas y attacher d'importance, ils continuent leur conversation comme si ce qui se passait ne les concernait pas.

Je poursuis mon observation pendant qu'il va faire ses démonstrations exubérantes un peu plus loin. Et, le plus insensé, c'est lorsque je le vois plonger dans le sol et en ressortir comme si cela était du domaine du possible... Ensuite, d'autres appareils semblables arrivent, sillonnant l'espace en faisant des cabrioles encore plus hardies. Je suis sidérée !

Je quitte ce curieux « terrain de jeux », quelqu'un m'y invite, une personne que je ne vois pas. Je mets mes pas au rythme des siens.

Nous entrons dans un hangar immense, je n'en vois pas la fin, où sont alignés des milliers de ces étranges appareils volants. Ils ont tous des formes particulières et très singulières, mais sont plutôt petits, comme s'ils étaient des jouets pour ces pilotes extravagants. J'ai la sensation qu'on veut m'instruire et me divertir en même temps, je continue à être attentive et vivement intéressée, regardant tout autour de moi.

Dans ce monde, le soleil est invisible, mais il y a une telle lumière sur les choses qu'on croirait que chacune porte en elle-même son propre astre lumineux.

Finalement, je sens qu'il est urgent de m'en retourner d'où je viens, et en quittant, je songe que je devrais remercier qui m'a fait visiter, car je ne doute pas une seconde qu'il s'agit d'un privilège. Mais qui ? En faisant demi-tour, je vois à la porte du hangar, quelqu'un se tient là, debout. Souriant, il m'envoie un signe de la main. Vêtu d'une combinaison argentée, la couette descendue sur le front, je reconnais le commandant de Challenger : Francis Scobee. Mon coeur se dilate de joie.

Un éclair. Un sifflement puissant comme le déplacement d'air du jet supersonique : Bang !

Je suis de retour. Estomaquée, énergisée et remplie d'interrogations.

Dois-je comprendre qu'ils ne sont pas vraiment morts ? Qu'ils ne dorment pas ? Qu'ils sont quelque part, j'ignore où, et qu'ils continuent de travailler, de penser, d'influencer ce monde-ci pour faire évoluer la science et que l'univers contiendrait plusieurs mondes différents...

À la lumière de ma lampe de chevet, j'écris tout, ne voulant rien oublier, jugeant d'une importance capitale ce que je viens de vivre comme si cela faisait maintenant partie de la conclusion.

Voilà, peut-être, le message qu'on m'a donné pour être transmis au monde.

J'en ai, sur le coup, l'intime conviction voire la certitude absolue. C'est demain, à la lumière du jour, parmi le monde, que les doutes reviendront me ronger et que je minimiserai ce que je viens de vivre. Pour l'instant, tout me paraît vrai, absolument merveilleux et rempli d'espoir.

Demain...

184

Mais, pourquoi est-ce moi qu'on guide de là-bas et non Adrien, beaucoup plus intelligent, plus capable de diffuser les informations ? Est-ce que je suis plus susceptible de croire possible d'autres mondes parallèles ? Suis-je née médium ? Est-ce ma mère qui, de là-haut, ou avant de partir, m'a transmis son don, car on m'a dit, en catimini, qu'elle aussi avait été sensible aux choses de l'Au-delà... Toutes ces questions et plusieurs autres, je ne cesserai jamais de me les poser, car à vivre autant d'événements extraordinaires, on ne peut s'en empêcher.

Mais, ce que je peux affirmer, sans l'ombre d'un doute, c'est que j'ai acquis une très grande force d'âme en me transformant, et en même temps s'est élevé en mon coeur le respect de moi-même et de l'autre. Si j'ai reçu le don royal du Pur Amour, ce n'est pas parce que j'ai été meilleure qu'une autre femme, mais probablement à cause de ma grande disponibilité à écouter, à réfléchir et à aimer l'autre, sans jamais m'imposer de limites, ni à élever de barrières entre moi, Dieu et les peuples du monde.

Entre tous les faits particuliers que j'ai vécus, il en est un très spécial et très beau qu'il me faut raconter. Il vient ajouter de la crédibilité à mon histoire personnelle et, également, parce qu'il m'a été dispensé uniquement pour cette raison. Maintenant que mon heure est venue de livrer généreusement ma singulière moisson qu'on m'a prodiguée gratuitement et si généreusement.

Nous sommes dimanche.

Je suis en train de lire un volume qui traite de Kabbale en se servant comme toile de fond de la Pistis Sophia, livre sacré des gnostiques d'Égypte. À la fin de celui-ci se trouve un condensé de l'Évangile de Marie. C'est cette dernière raison qui m'a poussée à l'acquérir, car la Kabbale ne m'intéresse aucunement. Mais, je lis quand même, curieuse, ne cessant jamais de me documenter et de m'instruire pour juger et faire un tri dans les différentes pensées occidentales et orientales.

Depuis quelques jours et plus fortement ce matin, une question s'incruste dans mes pensées : oui ou non puis-je servir par mes expériences et mes écrits à aider ceux qui cherchent objectivement ? Également, tous ceux qui dorment en croyant vivre, en étant malheureux comme les pierres, parce qu'ayant la fugace impression qu'il existe quelque chose d'autre qui les appelle.

Or, je lis quelques pages de ce volumineux ouvrage et ennuyée, je referme. De plus, une image au début me trouble, elle est laide selon moi et n'apporte au

186

récit aucun concours positif. Pourquoi, me dis-je, m'efforcer de lire quelque chose qui ne m'apporte strictement rien ?

Voulant secouer l'inertie qui me gagne, je me dirige vers la cuisine et vais me préparer une gelée à l'orange. Une envie soudaine. Je m'exécute.

Puis, je reviens un peu plus tard continuer ma lecture ardue.

Le Pentagramme qui est reproduit dans la page est une étoile à cinq pointes. Il représente le Verbe incarné ou le bouc du sabbat, selon qu'elle dirige sa pointe unique vers le haut ou vers le bas. Je déteste cette reproduction. Puis, en poursuivant ma lecture, je lis que le signe du Pentagramme doit être composé des sept métaux et est appelé dans les écoles gnostiques L'Étoile flamboyante, étant le signe de la Toute-puissance magique. Sur celle-ci, il n'y a pas de photo la reproduisant.

Par honnêteté intellectuelle, je poursuis néanmoins ma lecture, me disant que la raison plausible de mon désintérêt me viendra assurément, si je persiste à vouloir suivre la pensée de l'auteur jusqu'au bout.

Ennuyée, je le rejette de nouveau. Décidément, il ne me plaît pas. Il me contrarie. Ses idées sont à l'opposé des miennes.

Quelques heures plus tard, je retourne à ma gélatine ; sentant une grande faim. J'invite Adrien, qui lit non loin de moi, à venir aussi.

Quelle n'est pas ma surprise de voir le dessin splendide qui se projette sur le dessus de la gelée. Au centre du plat bleu s'étale magnifiquement une grande étoile à sept pointes et tout autour, comme pour mieux l'entourer, des petites étoiles identiques et des coquilles Saint-Jacques.

Interdite, je fixe l'image et, interloquée, me mets à rire, joyeuse. J'invite Adrien.

— Viens voir, c'est fou, fou, ce que je vois là.

Dix secondes tout au plus se sont écoulées entre mon arrivée à la cuisine et celle d'Adrien qui prend le temps de ranger son livre, avant de venir me rejoindre.

Irrésistiblement, l'envie d'en manger me vient et je m'exécute tandis qu'Adrien surgit près de moi, outré.

— Arrête de manger, gourmande ! Tu as là quelque chose de magnifique et tu le gaspilles. Je prends une photo.

Saisie, je m'arrête. Pourtant, j'avais la conviction de bien agir en mangeant quelques bouchées de cette gélatine magique. Mais, Adrien avait raison, encore une fois. Le pragmatique, le raisonnable Adrien qui se servait de l'irrationnel, immortalisant cette merveilleuse **preuve** tangible. Quel art !

Pendant qu'il manipule avec soin son appareil, j'interroge mentalement mes guides.

— Qu'est-ce que cela ?

« POUVOIR DE CONCENTRATION. »

Or, je ne me suis nullement concentrée ni n'ai réalisé ce chef-d'œuvre unique sur une gélatine quelconque. Qui alors ?

J'ai prié souvent, par la suite, pour qu'on me donne une explication logique au sujet de cette cristallisation extraordinaire.

Un beau jour, j'ai compris.

L'ESSENTIEL est qu'on me répondait de Là-haut, par cette manifestation mystique :

188

« OUI, TU PEUX ET TU DOIS FAIRE CONNAÎTRE TOUTES NOS RÉVÉLATIONS. »

N'avais-je pas espéré et prié afin de savoir si oui ou non je devais publier mes récits ? Eh bien, on m'avait entendue et prise au sérieux. J'avais reçu ma réponse d'une manière inattendue, mais spectaculaire. Je n'en demandais pas tant...

C'est toujours pour les autres qu'on reçoit des faveurs de l'Au-delà, jamais parce qu'on les mérite ou pour autres raisons personnelles et futiles.

*

Plusieurs années ont passé depuis...

Le temps est venu de clore mon histoire, j'en ai assez dit.

Solvène est repartie au pays de ses ancêtres, Adrien s'est détaché tranquillement de moi ; il a une belle maîtresse mulâtre qu'il entretient sur le continent africain, malgré qu'il me porte beaucoup de sollicitude, quand par hasard il vient me voir, me répétant qu'il m'aimera toujours. J'ai compris...

Il est arrivé le temps de me départir de tout et de moi-même : je pars là-bas. Là où sont mes racines, mon âme et mon avenir éternel : [3] Pointe Paradis. C'est de ma lointaine presqu'île que j'écrirai tout, que je donnerai ce côté de moi-même qui est trop longtemps demeuré dans l'ombre.

---

[3] Voir l'Ange de Pointe Paradis, roman du même auteure. Éditions Sept.

Troisième partie

En ce matin de janvier 2008, le Monastère a pris durant la nuit des allures de château médiéval. De brun, il est devenu complètement givré de blanc. Tout son pourtour et ses alentours sont parsemés de myriades de cristaux d'où s'échappent autant d'arcs-en-ciel allant irradier les airs de leurs auras lumineuses ; une véritable métamorphose.

La nuit durant et toute la journée d'hier, il a neigé, venté, et poudré : une formidable tempête hivernale comme en connaît si bien la région. L'abbaye n'a pas été épargnée, on l'a transformée. Au coeur de la tourmente, sur sa sainte montagne, elle en a vu de ces temps où les éléments se déchaînent et frappent aveuglément, comme pour mieux souligner leur suprématie terrestre.

Au lendemain des grandes fêtes religieuses, ici, plus qu'ailleurs, on a comme l'impression que c'est un peu le Ciel qui est descendu sur Terre pour célébrer la naissance de l'Enfant-Dieu, et que les anges y ont fait leur demeure, voltigeant un petit peu de temps encore près des hommes, pour leur faciliter les difficiles démarches avec l'Esprit divin. Tout respire l'encens et les rigueurs de l'âme.

191

Ce matin, une meute de bons hommes habillés de brun de pied en cap est sortie très tôt, après Matines. Extravagance de la nature oblige ! Joyeusement, les moines manient la pelle en fredonnant des cantiques. Pelleter des tonnes de neige fraîche est une récréation inattendue pour ces saints en devenir. Ils y voient le souvenir de la manne tombée du ciel, un jour où le peuple choisi, perdu dans le désert, n'avait plus rien à manger, et que Dieu, dans Sa largesse, leur a procurée par Amour.

L'Événement a mis ce coin de pays en effervescence et emmené les moines à se conduire comme une troupe de collégiens en vacances.

Joseph n'est pas le moins enjoué du groupe, au contraire, c'est lui qui laisse éclater sa joie le plus souvent et qui force ses frères à participer à ses espiègleries affectueuses. Au loin, on entend l'écho de sa voix rieuse et celles qui répondent en chœur.

— Viens, Hector. Nous allons faire un bonhomme à l'effigie de notre supérieur. Pour rire...

L'autre résiste pour la forme, séduit par l'audace de son ami, et est sur le point de succomber à la proposition enfantine, quand le supérieur paraît du haut de son balcon, enveloppé d'une couverture de laine. Il désigne Joseph d'un geste du bras et se dépêche de rentrer.

Les voix s'éteignent. Seul un murmure de prière s'étend encore vers la plaine, en contrebas, quand Joseph accourt vers Dom Pière, anxieux de savoir ce que lui veut celui-ci. Sa conscience ne lui reproche rien, mais sait-on jamais ? Ne lui a-t-on pas appris que même les plus grands saints péchaient jusqu'à sept fois par jour...

— Entre, fils. Prends le temps d'enlever la neige sur tes vêtements et viens t'asseoir, nous avons à causer.

192

Le jeune moine est rassuré. Son supérieur semble de belle humeur et ses yeux clairs et pénétrants n'ont rien d'un inquisiteur. Il obéit en prenant place dans un large fauteuil de cuir, s'appuyant de tout son corps d'athlète contre le dossier. Il ferme les yeux un instant, attendant, pendant que son supérieur cherche quelque chose dans un tiroir. Toute cette neige brassée... l'estomac vide, il a un léger mal de coeur. Trop d'oxygène. Finalement, le Père cesse de fouiller, il a trouvé. Joseph sent l'instant solennel et se concentre, se préparant à écouter respectueusement son maître de discipline.

Debout, face à son novice, Dom Pière a soudainement un regard très indulgent. Il est troublé, Joseph le voit bien. Lui-même est remué et bouille maintenant d'impatience. Pourquoi son supérieur a-t-il ce regard mouillé comme s'il allait pleurer ?

Ce dernier ne le fait pas languir davantage.

— Fils...

Il l'appelle toujours ainsi quand il est particulièrement ému et que sa tendresse déborde pour son protégé, dans des circonstances spéciales.

Il continue, attendri de l'attitude toute filiale de son jeune moine et, cependant, hésite sur le choix de ses mots, comme s'il voulait minimiser l'importance de ses propos.

— Fils, je te remets le cahier de Marie. Je l'ai terminé, hier, après les Vêpres. Je suis très perplexe. Il est rare que chez les laïcs on rencontre pareilles... démonstrations de foi vivante. Je réserve mon jugement définitif pour le temps de Pâques. Mais, d'ici ce temps, je peux te dire que je vois favorablement la poursuite de ta heu !... démarche. Je dois aussi t'avouer que j'ai fait des

193

recherches. Un message m'est parvenu, il y a trois jours. Je t'envoie en pays connu... si tu acceptes... car tu n'es pas régi par l'obéissance absolue. Si cela t'agrée, tu pars dans quelques heures...

Ce que le Père ne dit pas c'est que la réponse du bon curé de Pointe Paradis est arrivée le jour après qu'il a rêvé d'une femme alitée et qui répétait le nom de Joseph. Il a bel et bien compté ; trois fois.

Le regard anxieux de ce dernier l'éclaire davantage sur sa prémonition, malgré qu'il n'a pas l'habitude de s'y fier.

La question brûle les lèvres du jeune homme qui s'écrie, malgré lui : « Où ? »

Dom Pière se dit qu'il ne peut rien lui dévoiler, il n'en sait pas beaucoup plus. Le curé a simplement répondu : « Elle est là. » Il dira l'essentiel seulement.

— À Pointe Paradis. Tu as compris ? Tu prendras le train de Gaspé jusqu'à Matane. De là, le bateau, puis une fois le fleuve traversé, l'autobus te mènera à bon port. Tu devras marcher encore vers ta destination, mais une longue promenade ne te fait pas peur, n'est-ce pas ? Munis-toi de ton havresac, de ta besace et de vêtements chauds. Mes prières t'accompagneront. Tu as ma bénédiction. Va...

— Mais, je... Étonné, Joseph hésite, il a peur soudain.

Il est surpris, s'attendant si peu à cette nouvelle. Pourquoi cet air mystérieux chez son supérieur ? Qui l'attendra là-bas ? Il n'a plus aucun parent, aucun ami. Il y a si longtemps... Puis, le jour se fait dans son esprit : Marie ! Le Père a dit qu'il avait fait faire des recherches. Il se voit déjà arrivé, c'est comme s'il y était.

Une longue accolade. Dom Pière le sert dans ses bras, l'encourageant d'affectueuses bourrades dans le dos. Puis, il le repousse, brusque soudainement. Trop de tendresse est dangereux... Le ton reste affectueux.

— Cours maintenant te préparer. Passe une bonne nuit. Je t'exempte des prières nocturnes, à la chapelle. Puis, fais-toi préparer un en-cas par le cuisinier, tu en auras certes besoin, le voyage sera long et fatigant. Je ne peux rien te dire, car je n'en sais pas davantage, sinon qu'on t'attend...

Il le bénit, s'en retourne vers son bureau promptement, pour faire demi-tour, réfléchir une seconde et finalement le retenir un bref instant en lui montrant une vieille photo jaunie sortant d'un album tout aussi vétuste, résolu à lui donner une partie de la vérité. Ce serait trop bête de le laisser partir aussi démuni de la réalité, fut-elle ténébreuse, songe-t-il.

— Tu peux immédiatement voir de quoi il s'agit. C'est la réplique exacte de l'étoile flamboyante. Celle de la gélatine de Marie. Cette étoile est une sculpture dans la cathédrale d'Amiens, en France. Elle montre Dieu qui tient un compas à la main devant l'étoile. Il est représenté en Grand Architecte de l'Univers. Elle figure, entre autres, l'être humain dans sa totalité. Sais-tu ce que cela cache ?

Sur un signe négatif du jeune homme, il lui explique.

— Dieu mesure ici les sentiments de ses enfants. La noblesse et la largesse des tiens envers les autres, plus démunis en esprit et en vérité, préfigurent la profondeur où se tient ton âme. Plus tes sentiments sont élevés, c'est-à-dire bons, plus ton âme poursuit la même ascension. Le contraire est aussi vrai. En résumé, le compas de Dieu est son échelle de valeurs pour connaître l'authenticité de ton âme.

Pendant que Joseph examine la photo, surpris et exalté, le père réfléchit, les bras croisés, le regard fixé sur le jeune homme. Promptement, il entre dans le vif du sujet qui l'intéresse, rompant son silence.

— As-tu déjà vu sa réplique, Joseph ? Celle dont Marie parle dans son cahier ? Je suppose que Marie l'a conservée... Non ? Alors, demande-la lui. Je dois la voir. C'est impératif pour la suite de mon discernement spirituel sur cette femme.

— Je ne l'ai pas vue, mais je ferai comme vous désirez.

Le Père poursuit, moins drapé dans son orgueil, se voulant plus humble et compréhensif.

— Marie a reçu un don royal du Ciel ou un piège terrible du démon. Nous avons assez perdu de temps, j'ai l'intime conviction que nous devons nous mettre à l'ouvrage. Pars... Va, là-bas. Tu sauras ce qu'il faut faire. Nous ne savons pas l'Oeuvre de Dieu en nous et souvent nous lui faisons obstacle par nos logiques humaines. Ce matin, je n'ai plus envie de tergiverser, ni de raisonner. Je crois qu'il faut agir, vite. Tes chèvres sont meilleures que moi, fils, meilleures que ton vieux maître.

Il se détourne et de longues larmes glissent dans les sillons de ses joues flétries pendant que Joseph, aveuglé par le bonheur de revoir Marie, s'éloigne à larges enjambées, ignorant totalement le drame qui se joue dans ce vieillard qui l'aime plus qu'un fils...

Il va faire ses adieux à son ami Hector et à ses frères qui acceptent sans poser de questions le départ de celui qu'ils regretteront à coup sûr. Ici, chacun est une partie de Dieu et repose en Lui. C'est donc à Lui seul de prendre soin d'un des siens qui part et non à eux, qui ne sont que serviteurs se fiant entièrement à la volonté de leurs supérieurs. L'obéissance absolue et la soumission étant les principaux moteurs qui actionnent leur machine humaine. Dom Pière a toujours raison. Si Joseph sort du Prieuré, c'est qu'il doit partir.

Ensuite, Joseph va vers l'étable. Il s'est attaché à ses chèvres qui broutent toujours docilement. Il passe sa main sur la tête de chacune, leur parle doucement, puis s'éloigne, refermant sur ses mois de labeur la lourde porte de bois ferrée.

La nuit, avant de s'en aller, est longue et peuplée de fantômes du passé. Il essaie de prier, mais s'en voit incapable. Il revoit ses parents, tout joyeux qui, avant de partir pour la basse Côte-Nord, lui ont fait tant de re-commandations qu'il ne s'est pas étonné, après le crash du petit Cesna, d'apprendre leur mort. Il pense à ses co-pains laissés d'un seul coup, quand son désir vif d'entrer au Monastère, après son université, lui est venu. Il pense à Marie qui a stigmatisé sa mémoire plus qu'elle n'aurait certes voulu.

*

Dom Pière, resté seul, s'agenouille sur son prie-Dieu, prostré, ne comprenant pas où Dieu veut en venir. Pourtant, il L'a toujours bien servi. Comment se fait-il que des faits spirituels extraordinaires ne lui sont jamais arrivés ? L'amour qu'il a ressenti pour Joseph, dès le premier jour, le fait terriblement souffrir, ne s'en est-il pas sans cesse défendu? Pourquoi Dieu ne l'en débarras-serait-il pas d'un seul coup, maintenant qu'il a libéré son jeune protégé ? Pourquoi ne pas lui accorder, dans Son infinie largesse, sa propre liberté et la capacité de l'aimer Lui en totalité, une fois la servitude de la chair domptée. Il sanglote éperdument, comme un enfant, se sentant terriblement perturbé... affreusement seul...

La nuit dernière a été terrible. Il a eu l'impression qu'il allait s'émietter, qu'on allait le briser comme une vulgaire statuette de bois pourri. Il se souvenait très clai-rement de tout. D'abord, il a dormi. Puis, s'est brusque-ment réveillé et c'est là que tout a commencé. Hagard, il s'est assis dans son lit, croyant perdre la raison. L'impression était bizarre, de nature inconnue. Comme si on le tenait au-dessus d'un gouffre noir et qu'il suffisait qu'on le lâche une seconde pour qu'il s'anéantisse. La sensation du néant a été horrible ; elle l'écrasait, le broyait, le tuait. Son coeur battait à se rompre, ses nerfs étaient tendus comme des cordes raides et il se voyait nul, un rien perdu dans l'univers. Moins qu'une merde !

De grosses gouttes de sueur ont perlé à son front et sur son corps, les larmes ont coulé sans retenue et la sensation la plus incroyable a été lorsqu'il eût la convic-tion que Dieu l'avait abandonné. Là, ce fut effroyable comme impression : la foudroyante tentation de croire que Dieu ne l'avait jamais aimé !

Pire encore : qu'Il n'existait pas et n'avait jamais existé. Un leurre tout ça ! Une abominable méprise !

Il tenta de prier pour se calmer, mais s'en vit in-capable. Il ne put finalement que crier dans sa nuit vers Dieu : « Père ! Abba ! Pourquoi m'avez-vous abandon-né ? »

Vers le petit matin, il se vit enfin fortifié, capable de se lever et de marcher, comme un mutilé, un grand convalescent, mais avec au coeur la certitude de ce qu'il fallait dorénavant faire. Un immense changement venait de s'opérer en son for intérieur, sachant cependant qu'il y aurait une lutte terrible entre son ego et son âme.

Sauf, que l'Église, sa mère, ne verrait jamais les choses de la même façon... Il était si compliqué d'exposer ses luttes intérieures et d'être compris, ou du moins soutenu...

La jalousie le ronge, il y mettra un frein. Il ne comprend pas la logique du Ciel, il allait faire comme si. Puisque les grâces ne vont ni aux mérites, ni à l'ancienneté. Il lui fallait réagir pour guérir. Mandater Joseph là-bas, c'était déjà courir avec le grand vent fou de l'Esprit. Un remède de cheval ! Après ? Il plongerait vers d'autres eaux inconnues... À la grâce de Dieu !

La barre de l'horizon s'anime faiblement, le jour encore loin, quand Joseph sort du Monastère, à pas feutrés, comme s'il ne voulait éveiller personne, mais sachant bien qu'il y a belle lurette que tous sont levés et actifs.

Le coeur gros, malgré lui, il referme la lourde porte et s'éloigne. Seul, Toffie, le gros chien roux de la métairie le suit un moment, puis se désintéresse du jeune homme qui fait semblant de ne pas le voir. Il le connaît bien. S'il se soucie le moindrement de lui, le flatte ou lui parle, le gros tannant le suivra jusqu'au village. Or il y a toute une trotte et Toffie risquerait de se perdre en revenant. L'animal est vieux et toujours à faire l'école buissonnière. Quel embarras !

Au prochain tournant du chemin débordant de neige, Toffie, dégoûté, retourne à sa maison et Joseph, dégagé de tout tracas à cause de lui, peut continuer sa route en paix.

Il se fait l'effet d'être un déserteur, un échappé du Royaume, un paria du bonheur céleste, un rescapé de la vie éternelle, un moine de rien, puis se calme. Son coeur reprend un rythme normal. Ce n'est pas lui qui a choisi ce départ, mais son supérieur. La faute lui en incombe. Je me dois d'être pacifié et heureux, se dit-il, s'efforçant de voir son revirement de pensée comme un devoir, une nouvelle tâche à remplir, sinon les mauvais anges se mettront de la partie pour me faire voir la vie tout en noir.

Pour lui-même, à cette heure, sur la route du monde, il redevient un homme, simplement un homme qui marche vers son destin. En homme, il renifle un bon coup, crache et redresse la tête, ivre de joie. Il s'est toujours senti en communion avec la nature et la poudreuse qui lui caresse le visage le ravit. Quelle magie opère la liberté dans un sentier, au coeur de la forêt...

Aux abords du lacet de montagne, il remarque les bosquets gelés raides qui ont gardé leurs fragiles baies rouges, comme pour mieux espérer reprendre vie le printemps prochain. Il les frôle du bout de sa mitaine en passant. Les corps calcinés par le froid des lupins sauvages qui se dressent, illusoires sentinelles oubliées, lui font souvenir où il s'en va, tout guilleret, maintenant qu'il maîtrise sa pensée.

Un peu plus loin, il entend l'angélus qu'on sonne à l'Abbaye, se signe et fait une courte prière puis, remarque un écureuil qui s'est immobilisé, debout, les pattes jointes et le regarde venir. Il le hèle, pour le plaisir.

— Hé ! toi, petit. Tu vas geler, retourne dans ton trou. Tu as assez prié...

Au passage, il jette un quignon de pain au fouineur et le salue, avant de poursuivre sa route.

Le voici qui marche depuis plus de deux heures, un peu essoufflé à cause de ses bronches fragiles depuis la petite enfance. Il ralentit le pas et sort son lourd rosaire aux grains de bois. Parler à Sainte-Marie, en marchant, l'a toujours reposé. C'est Rita qui lui a suggéré de ne jamais perdre son temps, même en marchant. Il aime la compagnie de la mère du Christ. Il lui semble qu'elle ne manque jamais de l'inspirer pour aller plus haut, plus loin, toujours vers ses nobles buts, elle lui rappelle l'autre...

Le vent pointu et guilleret s'infiltre à travers ses vêtements, Joseph s'en accommode, quoiqu'il éprouve de légers malaises lui laissant savoir qu'il avale trop d'oxygène ; il est légèrement étourdi et ressent des douleurs au thorax. Il cesse toute prière, las de répéter toujours les mêmes mots et laisse vagabonder son esprit .

Il s'aperçoit rapidement que ses pensées, laissées à elles-mêmes, s'enferrent. Les idées, les mots dégringolent, empruntent le chemin des écoliers, sans bon sens, allant ricocher contre les pierres gelées comme pour les brûler, leur faire prendre vie et les inciter à raconter ce qu'elles ont vu et entendu de flâneurs solitaires.

Ces errements qui ne lui ressemblent pas, du moins c'est ce qu'il croit, lui font ressentir une sourde angoisse, le forçant à ralentir sa marche, sous l'effet de la perplexité.

Il comprend mieux ici les sages de son Monastère qui incitent sans cesse l'élève à prier et à méditer pour ne pas entrer en tentation et laisser au malin la moindre possibilité de pouvoir immatériel. Le Père a toujours dit : « les pensées sont des ondes qui vagabondent et la plus grande des conquêtes est de pouvoir, un jour, les contrôler et les choisir selon les désirs de son être profond. »

Fatigué, éreinté et le coeur chaviré de se savoir moins fort qu'il croyait, il arrive au restaurant du plus proche village quatre heures plus tard.

Joseph suspend ses effets à un crochet, pendant qu'on lui sert avec empressement un café et des toasts bien chauds.

— C'est toute une trotte que vous faites c'matin ? Où c'est q'vous allez comme ça ? Tiens, mangez pendant q'c'est chaud.

La mine réjouie du cafetier et sa grande disponibilité remontent de trois crans le moral du jeune moine. Il s'empresse d'obéir à la chaleureuse invitation. Un peu plus tard, rassasié, il s'informe à quel moment le train passe et ne comprend pas l'hilarité que sa question soulève. C'est un grand gars, raide comme un piquet, les cheveux collés au dos et le joint entre les dents qui lui explique, l'oeil en dessous.

— Y a pas de train. Y en a jamais. Vous êtes trompé de côté. Y fallait aller du côté de Maria ou de Carleton. Pigez, mon moine ?

Confus, voilà qu'il est au Monastère depuis des années... Il était arrivé du côté sud... Embarrassé, il regarde son drôle d'interlocuteur qui, le plus sérieusement possible, poursuit.

— Vous frappez pas. Y a l'autobus et j'monte dedans. Vous viendrez avec moi, j'vous tiendrai la main, mon p'tit moine.

Le visage rougi par l'affront, Joseph fait un pénible effort pour ne pas riposter. Il tient ses doigts crispés sur son rosaire, son esprit au garde-à-vous devant le Christ, comme un soldat et sourit, gêné. Il doit arriver à cette humilité, à ce détachement, sinon son histoire personnelle n'est qu'un stupide produit de son imaginaire. Il s'entend répondre, simplement.

203

— Je vous remercie beaucoup. J'irai volontiers avec vous jusqu'à Matane. Après, je prends le bateau jusqu'à Godbout. Est-ce cela ?

— C'est bien ça. T'as pigé tite soutane.

Le cafetier s'approche de Joseph, lui glisse à l'oreille quelques mots.

— Faites-y pas attention. C'est de la racaille qui traîne par-ci, par-là.

Le rouquin l'entend et s'excite, gesticulant.

— Tu veux que j'te pète la gueule ou que j'casse ta vitrine. Choisis, merdeux !

Le cafetier s'éloigne, haussant les épaules de pitié.

L'autobus arrive quelques secondes plus tard, dans un roulement de tonnerre et grand soulèvement de poudrerie. Les deux hommes s'apprêtant à monter à bord se voient complètement recouverts de neige follette. Joseph s'en amuse pendant que son compagnon jure par tous les ornements sacerdotaux, secouant sa mince défroque de jean puante, garnie de relents de repas des jours passés.

Joseph continue à rire de bon coeur. Les gars autour de lui s'esclaffent aussi, pendant qu'ils se ruent tous comme un troupeau dans l'autobus. Seul, son compagnon traîne la patte, hésitant.

— Allez, viens, et cesse de sacrer. Il l'entraîne, le tirant par la manche, mettant son amour-propre de côté.

Le gars suit docilement, mais se replie dans son banc, sitôt dans l'autobus, quémandant.

— Tu t'assis avec moé ? J'me tasse.

Joseph ne se fait pas prier. Maintenant, c'est l'autre qui semble à sa remorque, comme si un poids

204

soudain lui eut fait perdre toute contenance. Il épie sans cesse autour de lui, pendant que Joseph secoue sa soutane et son parka de cuir couverts d'un fin duvet blanc, heureux d'avoir dessous son épais jean et ses caleçons d'hiver. Gentiment, il lui porte attention.

— Qu'est-ce que tu crains, mon ami ?

Muet, le gars enlève sa défroque et la secoue à tout venant, indifférent aux mines rébarbatives des autres voyageurs, ses traits déformés, haineux.

— Crisse de viarge, les s'tie de chiens sales !

Joseph tente de ne pas se formaliser, mais la situation au lieu de lui paraître cocasse lui semble tragique, comme si un canon de fusil était pointé contre lui. Il tente de désamorcer la frayeur de son compagnon.

— Si tu parlais... Tu sais, je peux écouter et entendre tout, à l'exemple de mon Maître.

— Ton maître ? C'qui c'tie là ?

— Tiens, regarde. Celui qui est sur la croix de mon rosaire. C'est lui mon Maître et mon Sauveur. Près de lui, je n'ai aucune crainte, il me protège des embûches de la route.

On s'éclate autour de lui. Il s'en soucie peu. Au moins, il les fait rire. C'est déjà ça.

Son compagnon ricane, sceptique. Sur ses avant-bras, Joseph remarque qu'il a de nombreuses piqûres.

— Dis ? Es-tu malade qu'on doive te piquer autant ?

— S'tie, tu veux rire de moé, toé !

Son visage est hargneux, il lorgne Joseph, incapable de comprendre la bonté de ce religieux.

— Je suis un ignorant, excuse-moi si je t'importune. Joseph n'est pas rassuré du tout. L'autobus, qui part en trombe, a pour effet de calmer temporairement celui que Joseph appelle en son for intérieur : « l'étrange frère » qui se cale plus confortablement contre la banquette, les deux bras croisés au-dessus de sa tête, épiant Joseph entre ses paupières tombantes.

— Ouais, t'es un moine, toé ? J'en avais jamais vu, encore moins assis avec moé.

— Quel est ton nom ?

Pour faire diversion, Joseph essaie de le faire parler sans que cela porte à conséquence.

Le mot fuse. Joseph n'est pas certain d'avoir bien entendu ni compris.

— Cyd.

— Qui ?

Son compagnon ricane encore, toujours le joint entre les lèvres.

— T'es surpris, hein ? Dis-le !

— Il ne concorde pas vraiment avec toi, pour tout t'avouer...

— J'peux t'en réciter des bouts...

— Sans blague ?

— Ouais, écoute. Pour l'épate...

Et, de dire sur un tout autre ton : « Ô Chimène, ma douce, écoute la voix de ton Rodrigue... »

Joseph est intrigué. Le Cyd n'est plus le même homme. Quel mystère entoure cet étranger qui est à peine plus âgé que lui et qui a les cheveux, maintenant séchés, si roux qu'on croirait le feu pris dedans.

Pendant un long moment, Joseph se plonge dans la contemplation du long paysage hivernal qui défile sous ses yeux éblouis. Même la fumée qui s'échappe des rustiques cheminées lui semble douce et familière. Il bénit en

206

passant chaque maison et chaque personne qui l'y habite. Puis, son regard revient se poser sur son compagnon de voyage. Il l'interroge à voix basse, pour ne pas réveiller ses craintes et sa rage.

— Dis, quel est ton vrai nom ?

Mais l'autre ne répond plus. Perdu dans un rêve que lui seul connaît, il reste tendu et silencieux jusqu'à Matane. Enfin arrivés, il tend la main à Joseph, lui disant des mots saugrenus dans sa bouche, remplis d'ambiguïté.

— N'oublie jamais de prier pour Le Cyd, petit moine. Y en a mauditement besoin.

Joseph lui sert la main, puis dans un geste impulsif le saisit dans ses bras tout contre lui, quelques brèves secondes. L'autre demeure de glace. Joseph s'éloigne, le havresac et la besace sur le dos, rejoindre le bateau, non sans lui avoir glissé ces mots : « Si un jour, tu veux connaître le Christ, que tu as besoin d'un ami fidèle, rends-toi au Monastère, tu y seras accueilli comme l'un de ses enfants.

Le Cyd, secoue sa crinière de feu, changeant radicalement d'attitude, il crie comme un fou : « Ton crisse, j'y cré pas une maudite miette. Y a jamais rien faite pour moé, t'entends ? Va au diable ! »

Peiné, déçu, Joseph s'éloigne à grands pas, comme si un redoutable danger venait de croiser sa route. Et, pourtant, il aurait suffit d'un simple signe d'en haut, mais l'autre l'aurait-il compris ?

Le « Camille Marcoux » avance péniblement à travers les obstacles gelés du Saint-Laurent. À cette période de l'année, les couches successives de glaces forment une vaste surface blanche et le traversier, vu de haut, fait penser à David luttant contre Goliath dans la toundra du nord québécois. Joseph, qui observe les manoeuvres des hommes d'équipage et le combat du petit navire, est rempli d'admiration pour la force de l'homme voulant dompter la nature hostile.

Il y a bien, maintenant, les bateaux qui glissent sur l'eau et la glace, mais ceux-ci sont onéreux et les goussets du gouvernement si vides, qu'on ne pense pas encore à remplacer le vieux traversier.

C'est le capitaine du navire qui donne ces explications à Joseph qui semble, pour cet homme aguerri, sortir d'un autre âge tellement il est ignorant.

— J'ai autant d'admiration pour vous, mon père, que vous semblez en avoir pour moi, n'en doutez pas, mais vous êtes d'un autre monde... Diriger un bateau n'est pas un exploit, tandis que moine...

Tout en observant ses hommes travailler, courtois et prévenant, le capitaine cherche à capter l'attention de Joseph et en connaître plus sur son identité. Ce dernier sourit, continuant à observer la lutte inégale. Il ne dit mot.

— Savez-vous pourquoi ce navire porte ce nom ?

Joseph a un sourire mitigé. Tout est si différent de là-bas, sur sa chère montagne.

— Bien sûr. Cela, je le sais. J'ai demeuré au Nord pendant ma jeunesse et mes parents ont bien connu le docteur Marcoux, avant la tragédie. Il est mort dans un accident d'hélicoptère, avec son épouse, alors qu'il allait soigner des gens sur la basse-côte. C'est étrange, n'est-ce pas ? Mes parents ont connu le même sort, en allant, eux, porter des vivres à des gens isolés aussi sur la basse Côte-Nord. Enfin, c'était, j'imagine, la destinée que Dieu leur réservait. Ceci dit, il se tait.

Accoudé au bastingage, Joseph, captivé, promène son regard sur l'immense plaine de glace, remarquant que le vent rageur et les lames de fond s'amusent à briser et à soulever d'énormes pans de la masse gelée pour les faire rebondir dans un bruit sourd et effrayant ; lui, médite sur le sort des hommes. Le capitaine le quitte, non sans l'inviter pour plus tard.

— Venez me retrouver tout à l'heure. Nous prendrons un thé bouillant ensemble, cela vous fera du bien. Ressasser des souvenirs aussi tristes ne doit pas vous retaper le moral pour continuer votre voyage, n'est-ce pas, mon père ?

Joseph, tout doucement, le reprend.

— Ne me donnez pas ce nom. Je ne suis pas un père, seulement un aspirant moine.

Le capitaine s'excuse et s'éloigne alors que Joseph reste à observer les mouvements acharnés du fleuve emprisonné qui veut se libérer. À quelques minces endroits des sillons profonds se remplissent d'écume laiteuse, immédiatement après leur délivrance, comme si celle-ci venait tout droit de la gueule d'un monstre marin et non des manoeuvres adroites du bateau qui continue d'avancer malgré les épreuves infligées par le phénomène hivernal. Conquis par la masse colossale qui s'agite violemment autour de lui, Joseph cherche à traduire le langage du Seigneur dans Son œuvre prisonnière et ne le pouvant, il se résout à observer seulement.

Le froid intense lui fait du bien, malgré les frissons qu'engendre un conflit intérieur. Il sent sa tête saturée de pensées contradictoires. Doit-il remercier Dieu de ses épreuves passées ou bien accuser la fatalité du sort malheureux des hommes ? Il ne sait plus très bien où se situe la vérité, surtout depuis qu'il s'est éloigné du Monastère. Caché là-bas, dans le secret des forêts, l'amour divin semble si facile et si fécond, tandis qu'ici au coeur des tourmentes de toutes sortes, Dieu apparaît peu ou pas, selon qu'on veut ou ne veut pas s'affirmer une personne de foi. Tout semble si fragile, si vide et pourtant, si chargé de vie. Mais par qui, par quoi ? Qui est-il, si seul, si petit sur ce fragile morceau de ferraille qui date de plus de trente ans ? Rien. Perdu sur l'océan de glace, de la froide vie, de l'inéluctable mort...

Après trois heures de combat sur le fleuve captif, la terre de Caïn est en vue. Joseph tressaille devant ses chers paysages nordiques à nul autre pareil, son coeur bondit de joie : enfin de retour chez lui.

Il peut maintenant accepter l'invitation du capitaine, avant de quitter le navire pour sa longue traversée du désert...

L'autobus l'a mené jusqu'à Pointe Lebel. De là, après avoir mangé les restes de son fromage et de son pain et bu une pleine tasse d'eau chaude, servie si aimablement par la patronne du restaurant où il s'est arrêté, il s'apprête, réconforté, à reprendre son chemin.

C'est une fois dehors, alors qu'il installe son havresac plus confortablement, qu'il s'entend héler.

— Hé ! le moine, attends ! J'ai un message pour toi, j'pense. Vu q't'es le seul moine dans les parages. C'te lettre est à toi, au cas où j'me tromperais, tu la lis, puis m'la redonnes. Vu ?

Joseph déplie rapidement la simple feuille.

« Viens, nous t'attendons. » Nous ?

S'éloignant déjà, il rassure le brave homme, ne perdant pas une seconde de plus à causer. Du reste, il s'accuse d'avoir trop parlé depuis son départ, hier. Il aurait dû prier davantage. Pour tous ceux qu'il a rencontrés, grâce au Seigneur. Jamais, il le sait, personne sur notre route n'est là, par hasard. Chacun a son but, son poids à porter et chacun doit aider l'autre à le faire, sinon ça ne vaut pas la peine de prétendre aimer et suivre le Christ. Et, surtout pour le « Cyd. »

Ici aussi c'est l'aridité de l'hiver. Le rigoureux blizzard a envahi les montagnes et les rares vallées. Les bourrasques ont laissé des monticules de neige et des petits animaux gelés aux abords des sentiers peu fréquentés. Il emprunte ceux-ci plutôt que la grande route

211

et s'amuse à se souvenir de ses premiers enchantements : la nature si forte et si mouvante de sa Côte-Nord bien-aimée.

Mais, d'abord, le cimetière de la grande Pointe Lebel. S'agenouillant sur la neige durcie, il se recueille et fait une courte prière. Il ne veut pas s'attendrir, ce n'est pas le moment. Il y a une urgence ; il doit y courir. Ses parents comprennent. Il se signe et quitte les morts.

La nuit est là maintenant et les aurores boréales ont fait leur merveilleuse apparition. Luttant contre le sommeil qui l'envahit, Joseph, les yeux rivés au ciel, les contemple comme il faisait dans le temps, alors que Rita l'emmenait les admirer, les soirs merveilleux de son enfance. Voilà près de onze heures qu'il a quitté le Monastère. Il lui semble qu'il s'est passé une éternité et qu'il est redevenu le petit garçon qui s'en va à la cabane de l'indien...

Le bruit sec de ses semelles sur le sol gelé le rassure. Une prière voudrait surgir de son âme, mais il la repousse, se disant que ce moment est précieux et à lui seul. Il y a tellement longtemps qu'il l'espère.

Le chuchotement froissé des branches gelées lui parle encore, malgré sa longue absence. La chevelure des arbres, raidie par le gel, misérables points de dentelle pour chauve-souris engourdies, captives de leurs froids refuges, lui rappelle moult souvenirs. Les sombres silhouettes des sapins et des épinettes, si nombreux dans ce pays, lui insufflent du courage, comme pour lui dire de ne pas se frapper, que la vie bat toujours même si elle paraît figée dans l'absurdité. Que tout ce décor, au fond, n'est qu'apparence, impossible de voir la réalité sans les yeux ouverts du coeur.

212

Il le sait bien, pourtant. Mais, qu'est-ce que ces larmes qui montent et gèlent instantanément ? Que lui réserve la nuit qui vient ? Qui s'apprête à le recevoir aussi mystérieusement comme si un lourd secret l'emmenait indûment dans un endroit sacré pour une solennelle cérémonie antique ?

C'est d'être bercé qu'il aurait besoin, pas de courir faire un sauvetage. Il n'est pas un héros, il est redevenu le petit garçon de jadis. Pourquoi se trompent-ils tous sur lui ? Même Dieu...

Il sent une intense souffrance intérieure le soustraire à la joie du retour, que lui veut-elle ? N'a-t-il pas déjà tout donné ? Il se rebiffe contre la vie, malheureux soudain comme l'enfant qui refuse obstinément tout compromis. Il a peur de ce qui vient interrompre le cours de son destin... Que d'ambivalences en son coeur...

Il voudrait prier, parler, mais aucun son ne vient sur ses lèvres. Est-ce là la nuit de l'esprit dont a parlé Jean de la Croix ? Le doute s'insinue en lui et la crainte de Dieu. Si loin, si peu attentif aux besoins des siens et pourtant si bien intentionné quand il s'agit du sort des pécheurs. Qu'as-tu à dire pour ta défense, Dieu ? Job t'a interrogé et tu lui as donné épreuves par dessus épreuves, de quel droit fais-tu souffrir ainsi ceux qui t'aiment ? Et le Cyd ? Que fais-tu pour lui qui te méprise ?

Il continue à marcher, tout en souhaitant éclater là. Mourir sur la congère de neige blanche, si douce, si invitante... Il n'aime plus avoir la foi. Il a peur que ce Cyd de malheur lui ait lancé un sort. Il a un rictus, se traite de fou et poursuit sa route en vacillant sur ses jambes.

Ne sachant plus très bien si c'est encore le bon chemin, il va, vide de courage et d'espérance. Mais sur ses lèvres vient, comme la dernière vague sur une plage déserte avant que ne déferle la tempête, une seule et courte prière : « Prends pitié de moi, si tu existes et s'il est vrai que tu m'aimes. Les événements me dépassent. »

Le bon Père a dit un jour : « La nuit est le vaisseau de l'espoir qui a besoin d'une épreuve pour entrer dans le coeur du voyageur perdu au centre du désespoir. » Joseph se répète comme une incantation cette phrase, soucieux de retrouver son esprit de foi.

La faible lumière, bienvenue à travers les sque-
lettes géants déformés des arbres, lui dit qu'il est rendu à
bon port, qu'il est enfin revenu chez lui.

En proie à une vive émotion, il s'arrête un moment, humant les odeurs pour mieux se souvenir. Il ex-
plore de ses yeux brumeux les alentours. Rien ne semble
avoir changé, comme si le temps s'était arrêté, comme si
ce coin perdu faisait partie de l'éternité. La cabane de
l'Indien ne dépare pas le décor. De bois rond et de forme
rectangulaire, elle garde encore la beauté sauvage de ses
premières années quand le grand-père l'a construite
comme refuge pour celle qui allait chercher toute sa vie
ce que pouvait bien vouloir dire « Dieu...»

Il frappe timidement, espérant qu'on l'entende.
Qui est là, baigné par la seule lueur d'une lampe au pouvoir tamisé ? Le cœur affolé, il attend.

Il n'entend rien, mais quand la porte s'ouvre
toute grande, il chancelle comme frappé de plein fouet.
La pureté des traits, la fragilité de la jeune fille et la cascade de cheveux blonds qui tombent sur les frêles épaules, lui donnent un tel choc. Elle lui sourit spontanément,
se tassant vers le mur en tenant toujours la porte ouverte,
pour le laisser entrer. Il se souvient alors comme il avait
toujours trouvé cette ouverture bien étroite pour une
seule entrée. Puis, quand il se voit aussi gauche, aussi
peu déluré, il se sent gêné. Depuis combien de temps n'a-
t-il pas regardé une jeune fille avec des yeux d'homme ?

215

Il en a perdu l'habitude et sa timidité naturelle refait surface.

L'apparition lui tend une main souple et chaude et referme vivement derrière lui. Il note avec plaisir la musicalité de la voix qui sonne comme un bienfait pour son tympan. Il se remet d'aplomb.

— Entre vite. Elle risque de se remettre à tousser.

— La jeune fille interrompt les présentations. Toujours souriante, elle lui enlève presque de force sa vareuse et ses hardes et lui tend un bol fumant de café. Il ne sait qu'exprimer, ne se souciant maintenant que de Marie. Ce qu'elle vient de dire la concerne assurément.

— Je suis Solvène et toi, Joseph. Le petit Jos que maman a tellement aimé, j'en étais jalouse.

De l'alcôve arrive une faible voix qu'il reconnaîtrait entre mille :

— Le chat lui a-t-il mangé la langue comme jadis ? Quand viendra-t-il m'embrasser ?

Un bref éclat de rire, une quinte de toux et Joseph d'un seul bond est près du lit. Solvène s'empresse auprès de la malade. Elle redresse les oreillers, essuie sa bouche, son front, maternelle, remplie de sollicitude. Elle va et vient, véritable sylphide, remplissant de lumière chaque objet qu'elle touche, chaque pas où elle accomplit un acte dicté par l'amour, le jeune homme ne peut s'empêcher de la suivre des yeux, fasciné. Puis, embarrassé de sa propre attitude, il se détourne de Solvène qui apporte une autre lampe qu'elle pose près de la femme qui gît là, afin qu'elle puisse mieux les voir.

Joseph s'efforce de reporter toute son attention sur Marie.

216

Il la regarde attentivement avant de se pencher et de poser ses lèvres sur les joues qui n'ont pas l'ombre d'une ride, malgré l'âge avancé. Le temps ne l'a pas marquée, sauf une masse de cheveux blancs éparse sur l'oreiller. Autrement, Joseph croirait retrouver Marie telle qu'il l'a connue, entourée d'une aura de bonté et de générosité, sauf que son corps s'est fortement émacié, comme si elle s'était lentement consumée par en dedans.

Sa voix sort toute croche, il la corrige sous le regard tendrement amusé des deux femmes. Bouleversé, ses émotions sont à fleur de peau.

— Je n'ai jamais imaginé une seule minute vous retrouver, ni cet instant extraordinaire. Où étiez-vous Marie ?

Elle ne répond pas immédiatement. Fermant ses yeux, elle se repose et, après quelques secondes, elle attire vers elle Solvène. Celle-ci s'assied sur le lit, tout près de la malade et caresse doucement son visage et ses mains puis, se tournant vers Joseph, toujours debout, elle l'invite à s'asseoir aussi.

— Prends la chaise berçante, tu seras plus à ton aise. Maman a beaucoup de choses à te dire, à nous dire.

Elle le regarde franchement dans les yeux, attendant qu'il s'installe.

— Merci, mademoiselle, vous êtes très gentille.

Solvène éclate de rire.

— Ce que tu es cérémonieux ! Voyons, tu as beau être moine, tu ne m'impressionnes pas et je ne veux pas que tu le sois par moi. Nous sommes dans le coeur de maman comme ses deux enfants, conduisons-nous comme frère et sœur, veux-tu ?

217

Joseph acquiesce tacitement, revigoré. Puis, tout en faisant un geste à Solvène de ne pas bouger, il va se servir une seconde tasse de café, sans cérémonie. Au Monastère, il est permis les jours de fêtes. Les moines, à chaque repas, ont une demi-bouteille de bière. Étant de retour dans le monde, il fait taire ses scrupules et goûte avec avidité la boisson réchauffante.

Après, il revient s'asseoir en tenant sa tasse des deux mains, le sourire aux lèvres, regardant autour de lui. La cabane est bel et bien comme dans ses souvenirs. La patine des bois, l'alcôve pudiquement à l'écart, l'antique cruche... Ici, le temps est resté immuable.

Se calant dans la berçante, entre les bras rigides du bois caressé par le grand-père jadis, il attend que Marie reprenne son souffle et exprime son credo. Il sait à présent pourquoi il est là.

*

Tard dans la nuit, Marie raconte la suite de sa vie, après sa brève retraite dans ce pays. Le départ d'Adrien avec une femme plus jeune, plus « normale » et le retour de Solvène. Joseph goûte ses paroles, comme s'il avait été affamé de savoir, affamé de la vie de cette femme si singulière. N'était-ce pas à cause d'elle qu'il s'était décidé à entrer au Monastère, au lieu de poursuivre plus à fond de brillantes études à l'université ? N'était-ce pas son cahier lu et relu qui lui avait fait découvrir la richesse inestimable à fréquenter le monde de Dieu? Après la perte de ses deux parents, il lui a semblé que la terre avait cessé de tourner et que la lumière s'en était allée de sa vie. Seuls le souvenir de Marie et l'espérance de la

218

revoir avaient été ses uniques viatiques dans le clair-obscur de sa nuit.

Marie s'exprime d'une voix cassante parfois, entrecoupée de quintes de toux, s'excusant alors, elle reprend son interminable chemin de vie. Pourtant, son visage ne cesse pas de rayonner, comme illuminé par en dedans.

Solvène et Joseph, assis droits sur leur chaise, le regard tendu vers elle, écoutent avec ferveur chacune de ses paroles.

— Mes enfants chéris, j'ai longuement cherché l'image de Dieu sur celle des humains, mais je me leurrais moi-même. Je cherchais l'être d'exception, or Dieu est partout et en chacun, sauf dans celui qui le renie catégoriquement. Pour celui-ci, il n'y a pas de divinité possible. C'est le péché contre l'Esprit-Saint. Voici l'être qui, consciemment, refuse la délivrance de son corps dans ce monde-ci et dans l'autre.

Voulant répondre aux interrogations muettes de Joseph, elle se tourne vers lui et lui dit simplement, ce qu'il a toujours su dans le fond de son coeur.

— Je suis revenue vivre ici, à quelques reprises, jusqu'à ce que Solvène soit de retour et qu'elle me retrouve dans mon coin de paradis. Ensemble, nous sommes reparties pour Montréal où j'ai continué ma vie de prières et de travail. J'ai aussi beaucoup écrit. Solvène a mes autres manuscrits et des photos, preuves de l'authenticité de mes dires.

Joseph est curieux de tout savoir, embarrassé un peu. Il éclaircit sa voix en toussotant.

— Vous n'avez jamais revu votre mari qui semblait vous aimer beaucoup, malgré vos... particularités ?

219

Solvène lui lance un regard sombre, redoutant les larmes de Marie qui, au seul nom d'Adrien, s'attendrit encore, l'émotion restant toujours aussi vive. Elle lui en veut de poser cette question indiscrète.

Marie, d'un geste de la main, calme l'anxiété de sa fille. On dirait une colombe prête à s'envoler, que cette main, songe Joseph, ému et attentif.

— Je n'ai plus de regrets stériles, plus d'amertume et plus de larmes inutiles. J'ai perdu beaucoup de temps à regretter le passé et j'ai été bien coupable de le faire. Je vais te répondre, Joseph. Adrien ne m'a jamais laissée sans ressources, il n'a jamais cessé de me faire parvenir des montants d'argent substantiels et de faire suivre ses nouvelles adresses. Mais, il s'est construit une famille, a eu deux enfants et, lorsque j'ai accepté ce fait, j'ai pu enfin prier pour leur bonheur à tous ; j'ai été délivrée du chagrin à compter de ce jour. Comme tu vois, l'acceptation et le pardon sont deux démarches essentielles à qui veut trouver la grande, l'admirable paix de l'esprit...

Joseph devine qu'elle se questionne. Compatissant, il prend les devants.

— Au sujet de votre manuscrit, vous ne devez rien regretter. Il est entre bonnes mains. Mais, si je vous semble indélicat, c'est que j'ai besoin de savoir. J'écrirai, un jour... et... Il coupe court, ne sachant plus que dire.

C'est Solvène qui met un terme à la conversation, sans cérémonie.

— Maman, tu es fatiguée. Tes traits sont tirés et ton souffle court. Si maintenant, tu dormais un peu ? Joseph et moi nous te veillerons tour à tour. Tu veux bien, Joseph ? Tu ne repars pas ce soir, n'est-ce pas ?

Dans le timbre de voix, Joseph intercepte une prière à peine voilée démentant son ton qu'elle veut désinvolte face à sa mère. Il cherche à la rassurer. C'est comme quelque chose de primordial soudain, d'unique et de providentiel que cette faiblesse qu'il croit percevoir dans l'expression légèrement angoissée. Il fouille désespérément en lui pour trouver un semblant d'humour. Ce n'est pas que l'atmosphère soit lourde, mais il sent qu'il peut apporter à ces deux femmes une certaine joie qu'elles ont perdue depuis longtemps. La mort qui vient, n'est jamais, à cause de nos traditions religieuses, une occasion de se réjouir, alors qu'elle devrait l'être. Surtout si l'on croit à la Vie Éternelle, se dit-il.

Il adopte un ton enjoué et pirouettant sur lui-même, se remet sur ses pieds, délié, très à l'aise.

— Soyez tranquilles, je prendrai racine. Mon supérieur m'a accordé un congé illimité. Vous serez tellement envahies par ma présence, qu'il vous faudra me supplier de repartir tellement vous me trouverez encombrant et gourmand. Je fais un drôle de moine, hein ?

Solvène le scrute un bref instant. Elle ne sait plus que dire, regrettant presque son invitation, le jugeant hurluberlu, soudainement.

— Mais, où coucheras-tu ? Il n'y a qu'un seul lit de camp... Et, je t'avertis, je suis très mauvaise cuisinière. Je croyais que tu resterais au presbytère...

Il lui répond, du tac au tac, d'un ton enjoué.

— Sur le plancher! J'ai apporté mon sac de couchage. Quelques branches de sapin et le tour sera joué. Et, moi, je sais faire la nourriture...

— Mais, voyons, cela n'a pas de bon sens !

Joseph commence à s'amuser franchement.

— Au contraire. Je suis un habitué du camping sauvage et de la vie rude. Oublierais-tu que je suis moine et habitué à l'inconfort en permanence ?

Solvène bafouille.

— Mais, mais, pour cette nuit...

Il la rassure d'un geste, d'un sourire, par sa bonhomie.

— Cette chaise fera l'affaire. Sois tranquille. Puis, je me rendrai utile, j'entretiendrai le feu. Couche-toi et repose-toi, je veillerai sur vous. Cela me fait plaisir, croyez-moi.

Durant le temps de leur légère escarmouche verbale, Marie s'est efforcée de n'en pas perdre un seul mot, voulant faire durer le bonheur de les entendre, si jeunes, si vifs, si ardents... Elle veut saisir l'esprit de Joseph, car celui de sa fille ; elle le connaît.

Solvène s'inquiète encore, voit si sa mère a assez de couvertures. Marie l'invite à se calmer, à prendre les choses simplement. Elle lui chuchote à l'oreille.

— Joseph est délicieux et absolument charmant. Je suis bien contente qu'il soit là, maintenant que tu n'es plus seule, je vais pouvoir me reposer et dormir. N'aie plus de crainte pour moi et va dormir, ma chérie. Va...

La nuit, magicienne, s'étire doucement et Joseph dort par intermittence, s'éveillant juste pour aller près de Marie constater si elle repose bien puis brasser les bûches de bois d'érable afin qu'elles les protègent du froid. Enroulée dans son sac de couchage, Solvène ronfle légèrement. L'effet est euphorisant sur Joseph qui ne connaît plus, à présent, que des pensées pratiques et raisonnables et s'en voit rassuré.

Le lendemain, les rayons de soleil répandent à flots leur chaleur bienfaisante dans la cabane, Marie s'en réjouit, pendant que Solvène continue à dormir. Joseph, lui, est debout depuis la barre du jour. Il a dit une courte prière et fait une brève toilette. Il se prépare à ouvrir l'armoire, voulant composer un frugal déjeuner. Désolé, il constate qu'il n'y a pas grand-chose à manger et songe qu'il lui faudra aller aux provisions, mais confus se souvient qu'il n'a pas grand argent. Le Père n'a pas prévu cela...

C'est Marie qui, le voyant s'activer et réfléchir, debout près de l'évier, comprend son embarras et le tire d'affaire.

— Regarde dans mon sac, près du lit. Il y a là des billets pour notre entretien et d'autres pour des affaires urgentes. Mais, je t'en parlerai plus tard. Pour l'heure, va réveiller Solvène, lui dire qu'elle se lève. Dis-lui que j'ai besoin d'elle, s'il te plaît...

Pendant que la jeune fille fait sa toilette et voit aux soins intimes de Marie, Joseph s'en va faire une longue promenade sur les abords gelés du fleuve. Il retrouve aisément la crique et le ruisseau paralysés par les glaces et, au loin, en aval, la grande Île aux oiseaux.

Joseph a l'agréable sensation de n'avoir jamais quitté ces lieux chéris. Il examine, insatiable, l'admirable panorama baigné dans la lumière vivifiante du Nord québécois, en profite pour offrir à Dieu son être, sa journée et les jours à venir.

Lorsqu'il a retrouvé l'équilibre nécessaire pour poursuivre sa mission, il tourne ses pas vers la cabane et revient, vaillant, heureux, de sentir couler en lui l'abondante source intérieure que sa foi reconquise lui procure une autre mystérieuse fois.

Ce premier jour passe vite. Les courses dans la toundra, les paquets qu'il faut rapporter, la nourriture à préparer et ses effets personnels à nettoyer, Joseph n'a pas de temps pour méditer. Il offre tout en vrac à son Dieu, comprenant que son supérieur en l'expédiant ici savait qu'il faisait œuvre de miséricorde et de charité. Mais comment avait-il appris ? Plus tard, dans la veillée, il demandera à Marie. Pour le moment, les besognes quotidiennes requièrent toute son attention.

Pour mieux s'activer, il a enlevé sa robe de bure, demeurant vêtu seulement d'un jean et d'un tee-shirt noir. Les cheveux en broussailles, il va du fourneau au comptoir préparer le bouillon de poulet frais pour Marie, montrant à Solvène comment il faut faire et riant lorsque cette dernière, mal à l'aise, essaie d'expliquer pourquoi elle est si gauche devant une cuisinière.

— Maman faisait trop bien à manger et, là-bas, au Danemark, c'était la même chose. Mes études et le sport prenaient pas mal de mon temps... puis, je n'ai aucun talent pour les ripailles, tu comprends ?

Solvène tente de minimiser sa répulsion pour les casseroles sales, mais devant la mine amusée de Joseph, elle se tait et lave vaisselle et chaudrons.

Le soir arrive vite, on allume les lampes à quatre heures. Marie n'a jamais voulu qu'on installe l'électricité. Solvène dresse l'humble table, les bougies au centre. Après une brève prière d'action de grâces, ils se préparent à déguster les chefs-d'œuvre de Joseph : poulet rôti et pouding aux pommes. Mais, Marie touche peu à la nourriture. Chancelante, elle regagne son lit, aidée de Solvène.

Elle se rit de sa fatigue, désireuse de consoler. Elle a toujours détesté s'apitoyer sur elle-même.

— C'est tout un festin, mon petit. J'espère que Solvène a pris des notes... Quant à moi, impossible de me régaler comme j'aurais voulu...

Dès le repas des deux jeunes gens terminé, elle exprime le désir d'entendre Joseph prier, précisant qu'elle a encore des choses à leur révéler et qu'elle a besoin de la prière d'un prêtre pour continuer.

Joseph proteste.

— Mais, je n'ai pas encore fait la profession solennelle...

Marie balaie de la main et du regard ce qu'elle juge un détail.

— Pour Dieu cela n'a pas d'importance. Tu as été préparé à prier pour les autres, c'est là l'essentiel. Ne te laisse pas enferrer dans le corset de la religion et de ses lois toutes humaines.

Les yeux mi-clos, Joseph s'exécute, Il lit deux psaumes, pendant que Solvène baye aux corneilles, que Marie s'est plongée dans la méditation et que la fine poudrerie en s'infiltrant aux encoignures de la cabane, derrière le lit, s'échappe dans la pièce, poussée par un vent intrépide, en jets intermittents. L'effet est saisissant. Le blanc laiteux est comme chargé de fines particules d'énergie aux couleurs d'arc-en-ciel. Joseph a du mal à se concentrer, le spectacle le ravit et si Marie n'était pas au plus mal, il se dirait complètement heureux, baigné dans cette lumière qui l'habite totalement.

C'est la jeune fille qui, la première, rompt le charme et s'exclame, mal à l'aise.

— Il se fait tard, maman, parle-nous maintenant.

Marie sourit, se redresse dans son lit et s'exécute simplement, la voix un peu tremblante.

— Toute ma vie, j'ai été très dure avec moi, doutant de tout et surtout de moi-même. Inconsciemment, j'ai vécu dans le feu de l'esprit, et je me suis consumée jusqu'à ce que je sois prête à comprendre que j'accomplissais par là l'entièreté de ma destinée. C'est étrange parfois, mes petits enfants, par quels chemins l'être humain doit passer pour s'accomplir totalement. Il vaut mieux ne rien savoir d'avance, autrement les dés, comme on dit familièrement, seraient pipés et la vie, intolérable.

J'ai lutté contre la médiumnité, me croyant médium. Or, je ne l'ai jamais été. Je n'ai jamais composé avec cette singulière profession, si populaire à la fin du siècle dernier, car je n'ai jamais commercé avec les esprits des défunts. Ce que j'ai reçu m'arrivait toujours comme par inadvertance, comme des accidents de parcours, venant de guides de Lumière, plus avancés que ceux de la terre. Cette assertion, je la supposai vraie et unique, pendant longtemps.

Mais, rendue à la fin de mon périple, je peux et je dois révéler ce qu'il m'est donné de comprendre et de croire vrai.

« Le Royaume des Cieux est au dedans et à l'extérieur de vous » a dit Jésus. Cette parole est véridique.

Dedans, dans l'esprit de l'homme. Dieu y fait sa demeure si l'homme l'y invite et si le Fils aussi est reconnu comme partie vivante de la divinité, donc sauveur car c'est de Lui que vient la Révélation. C'est alors que plus rien n'est impossible. Tout, au contraire, devient possible. Celui qui vit de Dieu reçoit grâce sur grâce et « **voit** » et « **entend** » ce qu'un exclu du Royaume ne peut ni comprendre ni vivre. Même s'il met sa vie à intégrer et assumer pareil honneur, l'héritier vit au coeur du Royaume. Même s'il s'est toujours vu indigne, se reconnaissant pécheur, car vraiment il l'est de par sa nature humaine, mais à des degrés moindres que celui qui ne vit pas dans le Christ, il demeure héritier. Sauf que sa vie ne sera pas facile. Dieu ne traite pas ses enfants différemment parce qu'ils sont dans son coeur ; au contraire. Chacun doit se vaincre pour gagner finalement le trophée d'or.

Mais, il y a les voleurs du Royaume. Pour ceux-là il aurait mieux valu ne jamais être nés, car le châtiment risque d'être terrible. À moins que, chargés de regrets, ils viennent repentants à Jésus-Christ. Tout devient à cet instant possible. Telle est la très grande miséricorde de Dieu. Même les plus grands pécheurs sont appelés à la conversion, Dieu a des trésors de miséricorde pour eux. Les voleurs du Royaume sont ceux qui ont volé les secrets et détournent à des fins mercantiles les bienfaits divins au détriment des pauvres et des ignorants.

Mon péché dominant a été ma tête dure et ma crainte de Dieu. Celle-ci si forte que j'assombrissais son travail de création en moi, remplissant mon être de doutes, de scrupules et de peurs stériles. Maudit soit l'orgueil de l'humain qui le fait se perdre en actions inconsistantes et en vains regrets.

Je peux maintenant vous dire, en toute sincérité, que mon passage sur la Terre a été voulu pour révéler l'Amour de Dieu, dire qu'Il EST et SERA éternellement. C'est pourquoi j'ai tant écrit... Si j'ai été le semeur, vous serez les moissonneurs. Il est écrit aussi...

Il est une autre chose qu'il me faut vous dire, la voilà : petite fille, j'ai beaucoup souffert de solitude, du manque d'affection parentale, de doutes sur l'existence et l'amour de Dieu. Tout ceci venait paralyser mes efforts. J'ai longuement cherché, au firmament, des traces du traîneau du Père Noël, de saints, de Dieu... J'ai longtemps fixé le ciel, en vain. Puis, des signes sont venus, des grâces. Mais, je ne comprenais pas. Autour de moi, on avait peur. L'ignorance fait mal, très mal... Plus tard, beaucoup plus tard, « on » m'a informée de la vérité.

« Tu as longuement cherché le merveilleux, tu l'as eu. Mais, tu ne savais comment le nommer, aujourd'hui, tu sais. »

Solvène et Joseph, rejoints au plus profond d'eux-mêmes, écoutent attentivement, sachant que Marie leur remet son testament spirituel.

Puis, très lasse, elle ferme ses yeux, les invitant au repos.

— Maintenant, mes enfants chéris, je suis fatiguée. J'ai besoin de dormir et vous de même.

Marie n'a pas fini de parler qu'un rayon de lumière dorée sort de l'ombre de la fenêtre, se figeant sur le haut de son cadrage. Tous trois contemplent, étonnés et craintifs, l'objet en forme de poire qui change tranquillement sa teinte en blanc scintillant et laiteux, pulsant légèrement.

228

Il reste là, plusieurs minutes, comme pour se laisser observer. La tension est palpable dans la pièce. Chacun est certain que cette curieuse chose est intelligente, remplie de bonne énergie et qu'elle veut leur apporter une preuve. Car, à mesure qu'ils fixent l'objet, ils se sentent joyeux, détendus, heureux, n'ayant qu'une idée en tête : glorifier Celui qui vit en eux et les dirige dans l'étroit chemin.

Puis, la lumière s'éteint tout doucement pendant qu'ils continuent de s'étonner au sujet de sa présence. Joseph, le premier, se met à raconter son aventure, lorsqu'avec Hector, ils ont vu une boule d'or dans le ciel. Marie écoute attentivement, les yeux mi-clos, souriante et détendue, heureuse d'avoir près d'elle enfin des êtres de lumière qui reçoivent aussi les grâces du Royaume des Cieux.

— Tu as tout ce qu'il te faut, maman ?

Solvène est soucieuse, mal à l'aise, son coeur a des palpitations, elle craint que cette « chose » soit venue les avertir que Marie va bientôt la quitter. Elle voudrait pleurer, gémir, sangloter comme lorsqu'elle était enfant et que Marie venait la consoler dans son lit, mais il y a Joseph qui est là, tout près, par terre, sur son matelas de sapin. Elle voudrait bien aller dehors faire une promenade sur le bord du fleuve, mais elle a toujours eu la frousse de la noirceur et de ce qui peut se cacher derrière les arbres. Marie lui a répondu que tout était bien et qu'elle pouvait dormir tranquille. Solvène s'allonge sur son humble lit de camp en réprimant les sanglots qui compressent son estomac, tentant de trouver le sommeil qui ne vient pas. Elle ne comprend pas les signes du Ciel et ne les aime pas. Je suis jeune, moi ! Et, je veux vivre à deux cents milles à l'heure, non mourir !

Le lendemain, très tôt, Marie s'éveille la première. Elle regarde les deux jeunes dormir, roulés en boule, pareils à des enfants, s'en émeut, puis les éveille à voix basse, soucieuse de ne pas les déranger dans leurs rêves.

Joseph accourt près du lit, gêné de s'être précipité ; il a oublié de se vêtir. Marie fait comme si de rien n'était pendant qu'il va revêtir son jean. Quelques secondes plus tard, il revient les yeux clairs, le toupet en bataille, prêt à se dévouer et à commencer sa journée.

— Comment allez-vous, ce matin, Marie ?

Elle lui sourit pour ne pas assombrir son début de journée, étendue de tout son long sur l'humble lit, raidie par les douleurs intolérables de l'arthrose. Malgré elle, elle grimace sous l'effet perfide de la souffrance.

Joseph, au bord des larmes, assiste impuissant au dernier combat de la seule femme qu'il aime dans ce monde. Il ne sait que répéter en lui-même les mêmes mots : « Mon Dieu, aidez-la, je vous en conjure... »

Marie l'interrompt. Elle le ramène au présent, à la réalité de la vie quotidienne.

— Mon petit Joseph, ce matin, après le déjeuner, il te faut emmener Solvène faire une promenade. Le soleil, ce grand énergisant, brille de tous ses feux, vous devez en profiter au maximum. J'ai besoin de me retrouver seule quelques instants. Tu veux bien ?

— Tout ce que vous désirez, Marie, je le ferai.

231

Pendant qu'il prépare le café, le pain rôti et les céréales chaudes, Solvène voit aux soins de sa mère et quelques minutes plus tard, attablés, ils mangent de bon appétit. Seule, Marie, qui est restée dans son lit, ne touche à rien. Solvène s'en inquiète.

— Tu n'as pas faim, maman ?

— Pas très. Ma chérie, va te promener avec Joseph, il fait si beau ! Vous avez besoin tous les deux d'air frais et moi, de solitude. D'accord ?

Solvène acquiesce d'un sourire et d'un signe de la tête et termine le rangement tout en enfilant des vêtements chauds.

Après avoir minutieusement vérifié le poêle, Joseph s'apprête à sortir suivi de près par Solvène revêtue d'un superbe manteau de fourrure noire, long, couvrant un jean et une veste blanche. Elle paraît contrariée de l'effet qu'elle produit sur Joseph qui s'arrête net et la regarde, admiratif. Puis, elle s'esclaffe et part, en courant. Le jeune homme, qui aime le jeu, la suit au pas de course. Ils ne sont bientôt plus que deux gamins insouciants qui profitent des merveilles de la nature.

Le soleil doux de février effleure leur visage, pendant qu'une petite neige tranquille tombe paresseusement d'un nuage passant. Tous deux respirent largement, cessant leur poursuite, et se remettent à marcher calmement vers la grève, heureux de se retrouver libres pour faire connaissance. Il y a si longtemps que Solvène entend parler de ce petit Joseph si exceptionnel. Sauf, qu'il était resté bien jeune dans son souvenir. Maintenant, c'est un homme. Elle le regarde franchement, soupire puis éclate de rire. Le menton volontaire et le galbe carré des joues lui plaîsent. Dommage qu'il soit moine...

232

C'est elle qui rompt le charme avec une touche de séduction. S'enhardissant, elle saisit la main de Joseph qui ne la retire pas.

— Quel âge as-tu ?

— Vingt-huit ans bientôt. En mai, plus précisément. Et toi ? Tu es plus âgée que moi, je crois. Enfin, d'après le cahier de ta mère...

Piquée au vif sur son âge, Solvène a un recul, puis réfléchit et change son comportement. Joseph a senti dans sa paume l'hésitation de la jeune femme. Il serre la minuscule main davantage, elle le déroute, elle est trop changeante.

En véritable caméléon, Solvène fait un retour sur elle-même, adoptant une autre attitude et, tout en marchant, se fait candide, émouvante dans ses confidences.

— C'est vrai. J'ai trente-quatre ans. C'est vieux, hein ? Ça m'enrage ! Il me semble que j'ai toujours dix-sept ans et que je n'arrive pas à devenir mature. Pourtant, avec tous mes diplômes, je devrais me faire à l'idée d'être une femme. Nous, les femelles, nous ne savons plus très bien où se trouve notre chemin... Où se situe notre rôle... Avec maman, je crois que nous sommes les championnes de l'ambivalence. J'ai un bon travail, à Montréal, que je n'aime pas. Je l'ai seulement depuis six mois.

— Quelles sortes de diplômes ?

— Tu vas t'esclaffer ! Une maîtrise en éducation spécialisée et en psychologie, puis un baccalauréat en pédagogie et un autre en enfance inadaptée.

Voyant l'air étonné de Joseph qui s'est immobilisé près des glaces empilées sur le bord du fleuve, elle rit.

— Deux paires de parents qui chacun ont voulu me faire instruire et m'ont fait étudier jusqu'à ce que j'atteigne la vieillesse respectable d'aujourd'hui. C'est pas beau ça ?

Mutine, elle lâche la main tendue et court jusqu'à perdre haleine. Il a cru qu'elle avait buté quand elle s'allonge de tout son long sur le rebord de la falaise, il s'élance à son tour pour la secourir. Puis, s'aperçoit de sa méprise. Elle pleure à chaudes larmes. Comme une enfant, en poussant des gémissements. Il s'assied près d'elle, caresse ses cheveux, gauche, ne sachant que faire. Il n'a jamais eu de petite amie, n'a jamais consolé de fille et ne sait rien de la psychologie féminine.

Après de longues minutes insoutenables, les cris s'éteignent, les sanglots s'apaisent, mais les larmes ne tarissent pas. Joseph, sans réfléchir, saisit la jeune femme dans ses bras et la berce contre lui, en lui murmurant des mots insensés dont il ne réfléchit pas le sens. Il n'en peut tout simplement plus de la douleur profonde qu'il découvre chez Solvène, si belle, si attachante, si attirante, si parfumée dans son manteau de vison. Est-ce la mort imminente de Marie qui la bouleverse autant ? Tout s'embrouille, il se sent comme étourdi. C'est si exaltant, si nouveau, si surprenant ! Hier, le Monastère, aujourd'hui, cette superbe femme qui se conduit comme une petite fille perdue et seule sur la terre... Est-ce possible tant de solitude dans une personne qui semble être comblée par la vie ? Ce paysage qui rend tout irréel... qui l'anesthésie... Il n'a plus envie de lutter contre ses désirs...

Une seconde fois, ce matin, c'est la jeune femme qui, sa souffrance apaisée, se rend compte du ridicule et prend la situation en main. Elle se redresse, affolée.

234

— J'ai honte ! Tu es un moine, un prêtre, un saint, un... Je ne suis qu'une stupide hystérique. Que vas-tu penser de moi ?

Joseph ne peut s'empêcher de rire, malgré l'intensité du moment et la rassure de son mieux, heureux de la tournure de l'incident.

— Un futur moine, pas un prêtre et tant qu'au saint, tu peux repasser, j'en suis loin.

Son rire fuse juvénile, apaisant.

Solvène saisit la main tendue de nouveau pour se remettre sur ses pieds. Elle se sent infiniment reconnaissante. Mais, son beau visage, à présent, est masqué par un voile d'inquiétude extrême. Elle réussit à s'oublier, balbutiant : « Marie » et Joseph, qui n'a cessé de l'observer, est bouleversé. Quelle femme ! Un véritable paradoxe ambulant...

Il secoue son inertie, et se remet de son trouble, quand elle lance ces mots :

— Rentrons vite. Maman est au plus mal ! Je le sens !

Tout est en ordre. Rien n'a bougé durant leur absence. Pourtant, il y a quelque chose de plus, d'imprécis, d'impalpable, mais aucun des deux n'est apte à dire quoi. Un parfum inconnu caresse leur odorat...

Dans son lit, Marie, les yeux clos, respire difficilement. D'un bond, ils sont près d'elle, attendris, fébriles. Elle entrouvre ses paupières, les regarde l'un et l'autre, sereine, belle, reposée et leur fait signe d'approcher encore. Elle éprouve des difficultés d'élocution.

Serrés l'un contre l'autre, bouleversés, ils imprègnent en eux les derniers moments, les derniers mots.

— Je ne veux pas que vous ayez trop de chagrin. Je ne meurs pas, je pars. C'est juste un voyage dans l'invisible. Je n'ai pas choisi la mort, j'ai choisi la vie. Je continuerai de vivre pleinement. La différence sera la lumière qui guidera ma route. Je continuerai, à ma façon, à travailler et je vous aiderai toujours, car toujours je vous aimerai. Que le Seigneur vous bénisse comme je vous bénis... c'est le bien que je vous souhaite... qu'Il vous garde dans son Amour...

Je vous confie le flambeau... Faites à votre tour le voyage intérieur. Devenez conquérants de votre âme. C'est la plus belle, la plus grande des expéditions... Dieu est la... récompense... le bonheur... pas la mort... la vie...

Solvène, allongée près de sa mère, la tient contre elle. Elle sent la chaleur extrême se dégager du corps affaibli, le coeur s'arrêter de battre, puis repartir et ainsi

236

de suite durant des minutes qui paraissent une éternité. Cela dure jusqu'à ce que le corps cesse complètement de lutter, cédant la place à l'âme. L'instinct de vie est fort, coriace. Ils l'apprennent, dans la douleur, ce matin. Longtemps encore, après le dernier souffle, elle berce Marie, lui disant des mots comme lorsqu'on berce un enfant, des mots d'amour, des mots porteurs de lumière...

— Va, maman. Va maintenant où ton âme aspire. Va avec ton Seigneur, vers tes amis, vers les tiens. Sois heureuse, petite maman chérie, tu le mérites tellement, tellement...

À genoux, Joseph absorbé dans une contemplation ineffable, ne prie plus, il adore. L'instant est d'une beauté unique, d'une splendeur divine. Les heures passent, ils ne les voient pas, agissant comme s'ils n'étaient plus de ce monde, comme si eux aussi étaient transportés dans cet autre univers où s'en était allée si paisiblement Marie, leur mère.

Puis, Joseph se redresse, il desserre doucement les bras de Solvène ployés sous le cher fardeau et étend tendrement Marie sur sa couche.

La jeune femme résiste, puis abandonne, murmurant.

— Je suis de la race des forts. Mais, c'est maman... je l'aime... j'ai besoin d'elle...

Elle pleure silencieusement, immobile, à genoux.

Touchant avec délicatesse les mains de Solvène, il tente de la remettre dans le présent en lui parlant simplement. Il la sent sous le choc et lui-même est profondément remué.

— Il y a des choses à faire. Tu te sens capable ? Si tu as besoin d'aide... Quelqu'un au village...

Elle se remet sur pieds prestement, courageuse. Tout en lissant son corsage, elle glisse un noeud pour retenir son épaisse chevelure blonde, ripostant derechef.

— Je n'ai besoin de personne pour s'occuper de ma mère et la préparer pour la dernière fois.

Le ton est ferme. Une certaine chaleur perce dans ses propos, elle a du cran. Joseph l'admire maintenant sans réserve, elle lui fait penser à une guerrière. Aussi veut-il lui être dévoué, sans faiblir, à son exemple. Ils n'ont plus envie de pleurer. Marie semble dormir, paisible, heureuse. À tout instant, ils tournent leurs regards vers elle, comme pour lui faire part de leurs réflexions, de leurs décisions.

— Quelles étaient ses dernières volontés ?

— Rester ici. C'est son unique maison. Ses racines spirituelles ont poussé dans cette terre, arrosées par le grand-père. Ailleurs ? Elle n'a rien cueilli d'autre que du vide. Les illusions du monde.

Joseph la reprend gentiment, adroitement.

— Son amour pour ton père et toi... les malades... les nombreuses personnes qui l'ont eue comme conseillère... c'était du plein... Il me semble...

La jeune femme se reprend illico.

— Tu as raison. Et, ce n'est pas ce que je prétendais, mais il y a le reste... Comprends-moi ! Le cahier...

Elle se fait suppliante. Il la rassure, attendri.

— Il est toujours bon de préciser sa pensée. Mais, sois tranquille, ta mère a pardonné à tous. Il est si facile de minimiser l'essentiel, pour nous, les figurants... qui n'avons pas encore commencé notre marche sur la voie royale.

— Bien sûr. Après ce savant exposé, professeur, si nous nous dépêchions. Le jour passera vite...

Joseph acquiesce, entamant la première démarche.

— Il sera fait selon sa volonté. Je cours au village avertir le curé et faire le nécessaire. Téléphoner à ton père, peut-être... As-tu son adresse ?

— C'était son seul ami, ce curé. Lui, la comprenait. Jadis, il a pris sa défense. Il est vieux, mais c'est un brave homme. Va, Marie et moi nous t'attendrons.

De son père, elle ne dit pas un mot et Joseph n'insiste pas. Elle n'est pas prête au pardon. Plus tard, elle comprendra. Maintenant, elle a autre chose de plus urgent, voire de primordial à s'occuper, se dit-il.

Au pas de course, le jeune homme va parcourir le long trajet pour arriver au village, sans voir la plaine enneigée et le soleil qui fait éclater les pépites d'or et de diamants sur le sol. Il ne va pas admirer non plus les conifères géants qui peuplent la forêt, répandant leur parfum odorant à des lieues à la ronde. Pas plus qu'il ne va reconnaître tous les coins préférés de sa jeunesse. Pénétré du mystère de la mort, il s'en inspire pour agir, pour aimer. Car ce qui le trouble pour l'heure, c'est la joie étrange qui est là. L'incommensurable joie qui l'habite totalement. Il s'interroge sur cette joie, ne doutant pourtant pas un seul instant qu'elle provienne du Ciel qui vit dans l'allégresse une très grande fête. Son coeur lui dit de croire cela et de toute son âme, en cet instant précis, il y ajoute foi aveugle.

La cérémonie est simple et remplie de grâces. La petite église du village, très dépouillée, convient bien à la personnalité de Marie. Nulle musique, nulle fleur, sans fioritures. Seul, un gigantesque bouquet de joncs et de blés séchés trône près de l'autel. Tel était le voeu profond de celle qui n'est plus visible, mais toujours aussi vivante. Ses enfants l'ont respecté.

Solvène, Joseph, et le vieux curé Métivier sont chargés d'émotions pacifiantes et se meuvent dans des transports de joie tout au long du service. Agenouillés l'un près de l'autre, les deux jeunes gens se sont regardés maintes fois, complices des anges. Également, à quelques reprises, le bon prêtre s'est retourné vivement, ayant la sensation de sentir comme des ailes l'effleurer. Il met cette sensation sur le compte de sa vieillesse et de la réputation particulière de cette femme qu'il respecte beaucoup et qu'il s'apprête à ensevelir. Il a aussi l'impression bizarre de célébrer son propre service funéraire et, ses prières, dites du fond de son être, montent comme l'encens droites vers les Cieux. Car, en compagnie de celle qui part, il s'est toujours senti divinement bien. Pourquoi n'en pas profiter, une ultime fois ? Tant pis pour l'originalité de l'idée. Ce sera chose faite !

Après avoir rendu à leur mère ce qui est sien, Solvène et Joseph viennent faire leurs adieux au prêtre. Ce dernier est vivement impressionné par la richesse de leur coeur. Curieux, il s'interroge à leur sujet, malgré sa répugnance.

— Votre mère était une bien bonne personne, n'en doutez jamais. Mais, vous deux, qui êtes-vous l'un pour l'autre ?

D'une seule voix, ils s'exclament, joyeusement.

— Nous ? On n'en a jamais douté ! Mais pour votre paix ; ses enfants spirituels.

Charmé par la spontanéité et la générosité qui embrasent ces jeunes gens, le vieux prêtre ne veut pas les quitter si vite. Les prenant chacun sous le bras, il les entraîne vers le presbytère.

— Vous avez bien quelques minutes pour un vieil ami de votre mère. Un petit remontant et une bonne causerie me semblent appropriés, que dites-vous de mon invitation ? Les pompes funèbres attendront. L'essentiel est fait, n'est-ce pas ?

Ils le suivent volontiers. D'autant plus qu'ils ont une question qui les taraude. Peut-être cet homme pourra-t-il répondre mieux que tous ces autres qui n'ont fait que juger leur mère, sans jamais chercher à la comprendre et lui aider.

Le vin de pissenlit du religieux apprécié, on entre dans le vif du sujet, sans préambule. Joseph et Solvène n'ont plus le temps de se taire, ils veulent tout savoir. La jeune femme ose poser la question qui lui brûle les lèvres, franchement, sans détour. La voix un peu tremblante.

—Dites-nous, vous qui l'avez aimée, maman faisait-elle du délire mystique, à défaut d'être possédée ? Il y a eu assez de faux-fuyants entre tous ses détracteurs et notre pauvre mère. Le jugement impitoyable de certaines personnes lui a fait souffrir le martyr. Ce matin, nous

241

étions seuls dans l'église... Mais, vous, en véritable ami, qu'en pensez-vous honnêtement ? Joseph et moi, nous nous sommes expliqués à ce sujet. Toujours, nous avons cru maman saine d'esprit. Devons-nous vous avouer que nous avons eu des expériences similaires ? Sommes-nous fous pour autant ? Embarrassés, nous nous posons mille questions à ce sujet. Éclairez-nous, s'il vous plaît...

S'essuyant les yeux, ému, le bon vieux curé n'en revient pas de l'audace de cette belle jeune femme songeant, avec regret, qu'on avait jamais osé aborder ces questions fondamentales entre membres du clergé. On jugeait, sans plus. Il le déplore. Mais, peut-être aussi le Seigneur préfère-t-il que le secret entoure ses véritables enfants... Il va les rassurer, ceux-ci. Il ne veut pas les laisser partir avec cette question brûlante au coeur.

— Soyez tranquilles et laissez les gens ignorants juger. Votre mère était davantage saine d'esprit qu'une multitude de chrétiens pratiquants, mais non aimants. Elle, contrairement aux autres, s'est abandonnée totalement à la miséricorde divine ; elle a laissé agir Dieu en elle. Le malade du délire mystique a souvent fait commerce avec le Malin : occultisme, spiritisme, magie, satanisme... Il a une inflation hypertrophiée du « moi » dans la recherche du pouvoir, de la domination sur autre, jamais votre mère n'a agi ainsi. De plus, ces gens ont une conduite particulièrement aberrante et le constat de leurs facultés paranormales s'amplifie et les angoisse à un point tel qu'ils perdent totalement le contrôle de leur personne. Voilà ce qui n'a jamais ressemblé à votre mère.

Le seul discernement valable est le suivant : l'impact de conversion sur ceux et celles qui rencontrent les êtres du Royaume des Cieux. Un vrai chrétien rap-

242

proche les autres du Christ dans l'amour et la joie ou du moins il attise le désir. Il apporte des fruits de paix et non l'exercice d'un certain pouvoir sur autrui... C'est tout, chers enfants, ce qu'un vieux curé peut vous dire sur ces questions qui ont divisé bien des hommes...

Quant à l'église vide, rassure-toi Solvène. Elle était pleine, mais nous ne les avons pas vus, juste sentis. Et, c'est mieux ainsi... Maintenant, allez en paix...

Rassurés et bouleversés, Solvène et Joseph s'apprêtent à franchir le seuil du presbytère. Ils n'ont plus de questions et plus de ressentiment envers personne. À quoi bon garder de vains regrets qui empoisonnent l'existence.

Ils font leurs adieux, embrassant le curé Métivier plusieurs fois sur les joues fanées et rougies par les vives émotions. Puis, après une dernière pensée au cimetière pour les parents de Joseph, ils quittent tranquilles et sereins.

Silencieux, ils reviennent à pied. Le corbillard les suit, au ralenti.

Marie sera ensevelie au pied du sapin géant, juste en face de la maisonnette. Là où viennent picorer les oiseaux et jaser les écureuils. Une simple croix blanche est plantée à même le sol portant l'unique inscription : Marie. Le travail terminé, l'employé de la fabrique s'apprête à s'en retourner, pendant que profondément saisis, une ultime fois, Solvène et Joseph rendent les derniers hommages à leur mère chérie. D'une seule voix, d'un seul coeur.

— Ces belles amours que tu nous as fait connaître, maman, nous les sèmerons aux quatre vents, à tous ceux qui voudront bien les faire fructifier à leur tour.

243

Ainsi, nous te rendrons témoignage jusqu'à ce que nous allions te rejoindre. Amen.

L'employé les a trouvés pathétiques et, en les quittant, il essuie les larmes qui coulent, à son corps défendant. C'est qu'il en a vu d'autres, mais comme ceux-là ...

La cabane sera vite nettoyée et fermée à double tour. Chacun reprend dès ce matin, tôt, sa propre route.

Réprimant mal ses émotions, Solvène essaie d'exprimer les sentiments contradictoires qui la broient comme des lames de fond et qu'elle n'ose interroger.

— Heureusement que tu es venu. Que tes supérieurs t'ont donné la permission. Je ne sais ce que j'aurais fait, seule. Avec toi, tout a été facile, heureux. Tu vas rire de moi, mais...

Solvène, gauchement, tente d'exprimer quelque chose de vague encore, mais qui monte en elle, comme une touche d'espérance.

Joseph l'encourage, disposé à tout entendre.

— Dis toujours...

— Je sens presque le bonheur dans mon coeur, présent à même cette terrible épreuve. Je ne comprends pas pourquoi, non, je ne comprends pas. Je devrais être affreusement triste. J'ai comme envie de chanter, de danser mon chagrin. Tu comprends ça, toi ?

D'un geste impulsif, elle lui entoure la taille de ses bras et l'embrasse plusieurs fois. Il lui rend ses baisers, mais plus doucement, beaucoup moins impétueusement. Le trouble qu'il a ressenti, dès la première seconde de leur rencontre, ne l'a pas quitté. Mais, il ne s'en inquiète pas. Elle est sa soeur dorénavant et il l'aime de tout son coeur. Il la rassure de son mieux. N'est-ce pas à

244

lui que cette part de l'irréel incombe... Lui, qui aura bientôt charge de toutes ces âmes souffrantes...

Durant plusieurs minutes, il la laisse se blottir contre lui. Il sent le jeune corps féminin frémir. Il goûte ses larmes amères-sucrées. Il sent son odeur de jeune animal fougueux. Il s'étonne de la passivité de son propre corps. Seules ses mains caressent la cascade de cheveux blonds répandue sur la fourrure. Puis, il la détache tout doucement de lui, en ne cessant de lui sourire pour soutenir leurs adieux. L'inciter à ne plus rien lui demander. Car, il n'a plus rien, il ne peut plus donner.

Elle lui a crié : « Tu reviendras ? »

Il a fait un large signe du bras en guise de réponse et d'au revoir, marchant en sens contraire d'elle.

L'autobus est parti. Les voyageurs pour le bateau attendent près du quai et Joseph a le cher visage dans son souvenir. Comme un rêve. Comme lorsqu'enfant, il aimait contempler en lui, pour son propre plaisir, ou qu'il avait du chagrin, le précieux et beau visage de sa mère, et après leur rencontre, celui de Marie. Mais, cette fois, c'est celui d'une jeune femme qu'il ne connaissait pas, hier, mais qui vient d'entrer dans son coeur, le marquant au fer rouge, pour longtemps, il le sait, qu'il aimera dorénavant évoquer. Elle, comme les deux autres, sera perpétuellement présente dans toutes ses prières.

C'est la place, la seule qu'il veut qu'elle ait demain et tous les jours qui suivront.

La nuit descend lentement sur le sentier de montagne où s'avance prudemment le jeune moine. Une fine couche de neige est fraîchement tombée. Il la sent à son odeur familière de propreté, elle fait écran sur la glace dont la croûte fendille sous les pas du solitaire, laissant entendre le bruit apaisant, si cher aux voyageurs.

Il songe qu'il ne ferait pas bon se casser une jambe dans ce coin perdu où il n'y a pas âme qui vive à des lieues à la ronde. Dans ce froid ardent, c'est une mort lente et affreuse qui attendrait le voyageur imprudent.

Avançant lentement, économisant son souffle, Joseph ne voit plus les balises qui d'habitude jalonnent le mince lacet de route. Il marche en titubant souvent, trébuchant sur des aiguilles de glace semées par-ci, par-là, par les vents capricieux et les pluies glaciales des derniers jours de février. Les yeux fixés sur le sol, il ne veut plus voir le ciel bouché où nulle étoile ne brille plus pour lui. À présent il vit de sa peine, à l'orée du désespoir. Il lui semble qu'il vient de tout perdre, même sa propre vie. Car, maintenant, il y a avant la mort de Marie. Dorénavant, il y aura un après. Et, c'est cet après qui le tenaille, qui le questionne, ne sachant plus où il s'en va et pourquoi il doit aller là où son coeur n'est plus. Il se sent déchiré, en pleine déroute.

Soudain, il sort de son apitoiement sur lui-même, tous ses sens en éveil. Qui vient par là ?

246

Le son est faiblard d'abord, peu audible. Joseph prête l'oreille, attentif, aux aguets. On dirait un enfant qui geint. Ses muscles se tendent, son corps se prépare.

Marchant prudemment, il contourne un rocher. Il connaît bien le coin, y allant souvent courir ou marcher, c'est selon. Il continue d'avancer très lentement, sans bruit maintenant. La glace ici ne craque plus. Bizarre !

Tout à coup, il les voit ! La blancheur de la neige éclaire l'inquiétant tableau. Son coeur se contracte de dégoût.

Une jeune biche est là, couchée sur son flanc. Un coyote s'apprête à lui saisir la gorge, après avoir mordu sa cuisse. Le sang gicle de la large blessure.

Se saisissant d'une main d'un fagotin qui traîne par hasard tout près, Joseph s'élance, son havresac de l'autre main lui servant de gourdin, il se met à frapper sur le chacal de toutes ses forces. Surpris, l'animal fait mine de vouloir sauter sur lui, ses crocs sortis, le regard fou, bondissant, écumant. Joseph, sa colère décuplée, redouble d'ardeur et lui assène un formidable coup sur le museau. Le coyote, apeuré et blessé, laisse sa victime ensanglantée et s'enfuit en glapissant.

L'ardeur à tuer qu'il ressent est d'une telle force qu'encore plusieurs minutes après la fuite du coyote, il en reste ébranlé. Il a des difficultés à se ressaisir et tremble de rage, incapable de se contenir. Mais, une responsabilité de bon samaritain lui échoit, il ne s'y soustraira pas ; elle le sauvera.

Sauf, qu'avant, les bras élevés, le corps tendu, il hurle à pleins poumons, pour se libérer : « Je te maudis, coyote infâme, pour ta cruauté. Que tu puisses périr de faim et de froid, voilà tout ce que je te souhaite ! »

Le coyote s'était éclipsé depuis plusieurs minutes, ne demandant pas son reste, que Joseph se décide enfin à agir, calmé de son excès de fureur.

Rempli de compassion pour le petit faon agonisant de douleurs et de peur, il le charge sur ses épaules en prenant d'infinies précautions. Encombré de sa précieuse charge et de ses bagages, il reprend la route...

Au fur et à mesure qu'il marche, l'apaisement vient. L'haleine du faon frôle son visage et lui rappelle, il ne comprend pas pourquoi, la jeune femme qu'il a quittée, à grand regret, ce matin. Son coeur se calme lorsqu'il aperçoit enfin, au travers des branches orphelines des arbres, les premières lueurs du Monastère.

Ce n'est que maintenant qu'il se permet de songer à lui. À sa colère de tantôt. À son dégoût de l'ennemi, de celui qui écrase les faibles. À ce qu'il est profondément et qu'il ignore encore. À ce côté caché de son coeur que personne encore n'a aimé... et dont il a honte.

Alors, sans qu'il l'ait souhaitée ou cherchée, cette étrange prière monte à ses lèvres et il s'étonne de se l'entendre crier d'un ton aussi agressif. Comme ça, au coeur de la nuit, à cent lieues des hommes, peut-être Dieu entendra-t-il l'écho d'un étranger dans son domaine...

« Seigneur, je hais les forts. Ceux qui ont tous les pouvoirs et s'en servent pour malmener et tuer les faibles. Toi, tu nous as dit : « Aimez vos ennemis, priez pour eux. » As-tu réfléchi à tout ce que cela implique pour nous, simples humains ? Combien sont-ils, ont-ils été, tous ceux qui tuent en ton Nom ? Des bêtes ! Oui, des bêtes méchantes, prêtes en tout temps à martyriser, à anéantir, à briser, à rendre fous et à droguer tes petits...

248

Et, toi, tu voudrais que je les aime ? Tu voudrais que je prie tranquillement pour eux ? Jamais ! Je m'en vois incapable. »

Sa prière hurlée, il jette un court et brusque rire nerveux, puis n'empêche plus les larmes de s'échapper par jets de ses yeux gelés. Affolé, le faon s'agite contre lui. Joseph, inquiet de le sauver, sèche ses pleurs sur le champ et se met à le caresser et à lui parler à mi-voix. Des mots doux, tendres. Des mots d'amour, de consolation. Des mots emmêlés, des balbutiements d'enfants malheureux.

Ses pas ne sont plus assurés, sa démarche est devenue chancelante, il est épuisé corps et âme, malade.

Lorsqu'enfin, le jeune moine franchit le portail, sa colère s'est éteinte et ses larmes ont laissé de minuscules glaçons sur ses joues blanchies.

Seul, Hector dans la bergerie, penché sur son livre de prières, veille en l'attendant. Il l'espérait ce soir et se voit heureux qu'il soit de retour. Pas un mot n'est échangé, juste un profond regard. L'autre comprend que son ami traverse un désert que personne ici-bas ne peut franchir à moins de tout abandonner à la Volonté de Celui qui, de là-haut, peut tout comprendre et tout accepter de ses enfants.

Il allège Jos de son précieux fardeau et le faon accepte, le laissant lui toucher. Celui-là est un ami. Hector a la main avec les animaux, ils se comprennent du regard. Les jeunes gens esquissent un faible sourire quand il le voit regarder les chèvres et tenter de s'en approcher, trottinant pitoyablement sur sa patte blessée.

— Ne t'inquiète pas, j'en prends bien soin. Toi, va te reposer... Tu as besoin de toutes sortes de nourriture...

Hector n'a pas fini de chuchoter que Joseph est déjà parti.

À la chapelle, les moines encapuchonnés ne lui prêtent pas attention. Joseph va vers l'autel de Marie, s'abîmer dans une prière faite d'amertume, de questions et de rancune envers le Créateur de toutes vies. La haine pour les ennemis, qui cohabite avec son immense compassion pour les petits, lui démontre qu'il ne sera jamais un moine, un disciple du Christ qui, lui, aime tous en tout.

Épilogue

Écrasé sous le poids de son péché, Jos n'a plus envie d'argumenter, de demander des comptes à Dieu ; il se sent vidé, écoeuré. Sa vie ici n'a plus de sens. L'idée de tout quitter, de partir très loin fait jour. Il la laisse venir, s'en étonnant à peine. Depuis qu'il a vu Solvène il a ressenti un formidable choc, se sentant un homme à part entière et non un saint en devenir.

Près du châlit de Marie, elle lui est apparue si touchante, si attirante, si femme...

Le temps s'écoule comme grains de déraison, il n'en a cure, son esprit vagabonde, tantôt chagrin, tantôt exalté.

Puis, une espèce de conversation surgit de lui-même, un chassé-croisé entre l'invisible et sa conscience. Troublé, il écoute. Comme si seulement une partie de lui réagissait lucidement, ne sachant qui lui parle, qui s'interpose entre lui et son âme. Il ne prend pas encore part à cet échange qui le concerne, ne l'incorpore pas encore intentionnellement. Il se fait spectateur, simple figurant. Il attend, pour voir... restant sur ses gardes...

L'effet est liminal, juste perceptible, comme si on voulait qu'il s'intègre très lentement à l'échange. Est-ce là le seuil du Ciel, se demande-t-il ? Toujours très étonné.

Nettement, il entend qu'on lui propose une équation, pour l'instruire, comme une discussion épique. Il écoute, saisi, prêt à dialoguer avec l'inconnu.

« Si faire l'œuvre de Dieu, pour toi, c'est L'aimer selon ta propre conception, tes antithèses sont ses ennemies, Le haïssant. N'est-ce pas ainsi que tu l'entends ?

— C'est ainsi. Les sortes d'ennemis que je connais sont près de moi ou en moi, ils sont de ma taille. Qu'ils m'irritent ou me méprisent, il m'est facile de contourner ces petites misères et de passer outre. Mais, les ennemis des faibles sont les géants du mal... Je les hais. Ils ne peuvent être de Dieu.

— Tu as compassion pour les faibles, croyant que Dieu laisse agir les méchants et qu'il leur pardonnera totalement s'ils se repentent, cela te contrarie. Est-ce cela ?

— Vous dites bien : « s'ils se repentent. » Mais, les autres, ceux qui sont persuadés qu'en faisant le mal c'est pour eux un bien propre, puisqu'il leur apporte le profit, c'est ceux-là qui me causent de la colère, de l'aversion... Je ne comprends pas l'idée de Dieu, elle n'est pas logique humaine. De même que ces cruels animaux stupides...

— Logique ? Qu'est-ce que ce mot ? Sur la terre et aux Cieux les mots ne sont pas les mêmes, car les pensées profondes ne sont connues que de Dieu. La logique de Dieu est parfaite, son heure miséricorde. Le Seigneur est venu sauver ce qui était perdu, non ce qui était saint au départ. Je te répète : au départ. Tu n'as pas à prendre pitié de Dieu, c'est mal. En faisant ceci, tu prends pitié de toi et c'est aussi un mal pour toi. Comprends.

Jos maintenant sent un intense désir de savoir qui lui parle, qui ose s'arroger le droit d'intervenir dans ses pensées.

— Qui êtes-vous ? Vous, qui savez tout...

— Je ne sais pas tout. Et, tu me connais. Laisse mon visage venir à ta mémoire, si tu ne sais pas reconnaître ma voix. A-t-elle déjà si changée ?

Il a la forte sensation que la joie perce cette expérience extatique. Comme cette impression est étrange !

Le bonheur l'inonde comme pluie de printemps chargée d'odeurs d'été à venir. Il sait qui elle est. Fou ! Comment a-t-il pu s'imaginer qu'elle l'abandonnerait dans sa douleur, dans son dilemme atroce, dans sa nuit profonde de l'esprit ?

Alors, la chère et douce voix, comme allégée, encore plus joyeuse, poursuit :

— Aimer nos ennemis, mon ami, c'est leur vouloir du bien. Prier pour eux n'est pas autre chose. Or, le plus grand bien c'est de souhaiter Dieu à quelqu'un et la Vie éternelle, dans la félicité. N'oublie jamais que la plus belle prière, la plus authentique, c'est de demander à Dieu de convertir les ennemis au bien, de les rapprocher de Lui, afin qu'Il s'en occupe Lui-même. Lui seul peut, en Vérité, convertir. Dispenser généreusement le Pur Amour, uni au Christ. Voilà ta mission, celle de tous les êtres croyants.

— Et, le petit, l'innocent ?...

La voix qui n'a pas perdu le sens de l'humour lui coupe la pensée.

— Et pourquoi pas le petit faon blessé ?

— Vous étiez là ?

Fou de joie, Jos a du mal à accepter ce qu'il comprend.

— Mais, où crois-tu que nous sommes tous ?

— Marie, vous semblez me dire que ce n'est pas mon affaire de mépriser le coyote, de me mettre en colère contre lui, et de même tous ceux qui polluent l'univers du mal.

— C'est ton affaire, jusqu'à un certain point. Défendre le faible, c'est bien. Mais sans haine, sans te détruire toi-même. Comprends. Ce n'est pas à toi de te faire justicier à la place de Dieu. Ceci est la pensée juste. Disséquer sa propre pensée pour discerner où est ta place, voilà la grande affaire de ta vie et faire confiance à Dieu pour ce que tu ne seras jamais capable de changer, c'est-à-dire les âmes.

— Mais, en ce cas, pourquoi ai-je tellement souci d'aimer, de sauver, de réaliser, si cela n'est pas de mon ressort.

— Il est de ton ressort de prier, d'aimer du pur amour et de garder ta paix intérieure. Que rien et nul ne viennent s'interposer entre le Père et toi, voilà qui devrait être le seul souci de toute ton existence ici-bas. Ta colère ne peut rien contre le mal, au contraire c'est à toi que tu nuis lorsque tu la laisses s'élever indûment.

Joseph commence à comprendre. Ébloui, il voudrait par mille stratagèmes garder Marie dans son coeur, ne jamais la laisser partir, elle qui lui apprend l'a b c du discernement. Il sait qu'elle lit dans ses pensées. Il voit bien que c'est de télépathie qu'il s'agit. Que dira le Père Abbé lorsqu'il lui racontera ? Il s'en inquiète un brin.

La joie de Marie lui est communiquée immédiatement. Elle le taquine. L'effet est radical. Il sent son

254

coeur se gonfler de joie. Puis, il l'entend encore lui dire affectueusement ces derniers mots :

— Quel magnifique chercheur d'étoiles tu fais. Continue... demeure chercheur de l'infini. Deviens explorateur des luminaires, mais de ton être profond, d'abord. Fais-toi conquérant de l'espace entre le visible et l'invisible pour mieux t'élancer toi aussi, un jour... Mais, n'oublie jamais que le Premier, le Christ a vaincu ceux que tu redoutes. Laisse-le être Dieu et toi travaille à devenir un simple disciple qui se connaît entièrement. Fais le Un. L'unité. C'est déjà pour vous tous, enfants, tout un programme. Tournez-vous vers ce magnifique avenir... N'avez-vous pas déjà la vie en abondance en Lui et par Lui... C'est cela l'ESSENTIEL.

Demain, l'autre côté de votre être vous sera révélé et remis et, jamais plus, vous ne sentirez cette illusion d'avoir perdu le paradis. Car vous aurez retrouvé votre véritable identité, l'entièreté de votre être. C'est lui, votre Ange qui voit sans cesse la face de Dieu : vous, dans l'unité, dans le Royaume. Maintenant... commence le vrai, l'unique grand voyage...